JN115282

2024～
2025

証券外務員

二種
対策問題集

J-IRIS●編

ビジネス教育出版社

このテキストについて

◆本書中の『2024年版 外務員必携（電子書籍）』からの転載、又は参照とした箇所の著作権は、日本証券業協会にあります。

◆本書の内容に関する一切の責は、株式会社日本投資環境研究所及び株式会社ビジネス教育出版社に帰属します。
内容についてのご不明な点は、ビジネス教育出版社までお問い合わせ下さい。

◆本書の内容は、2023年12月末時点の法令諸規則等に則したものです。

◆本書は、「二種 外務員(証券外務員)資格試験」を受験される方のための学習教材です。各試験の出題範囲の中から、頻出の内容をもとに構成しています。

◆本書は、外務員等資格試験に関する規則に基づいて作成しております。試験制度や法令諸規則等の変更及び誤植等につきましては、ビジネス教育出版社ホームページにて随時ご案内致しますのでご確認下さい（http://www.bks.co.jp）。

～ はじめに ～

外務員（証券外務員）資格試験に合格するためには、日本証券業協会の『外務員必携（電子書籍）』（以下『必携』）の理解が必要です。しかし、書籍にすると３冊分（二種範囲）もある『必携』の内容を理解するには、膨大な労力を要します。

そこで、本書『2024～2025　証券外務員 ［二種］対策問題集』は、『必携』を要約し、過去に出題された問題や、制度の改正を踏まえて作成しています。

まずは問題を解き、間違った場合は、なぜ間違ったのかを「解答」欄の解説を読んで、理解しましょう。

それでも理解できないときは、『2024～2025　証券外務員　学習テキスト』を読んでください。『学習テキスト』は、単元ごとに『必携』を要約し、ポイントをまとめています。

また、本書の「解答」には、この『学習テキスト』の掲載ページが記載されていますので、該当ページで詳細を確認することができます。

「『学習テキスト』に目を通してから問題を解く」、又は「問題を解いてから『学習テキスト』で確認し、理解する」等、ご自身で学習計画を立てることで、効率化を図るとともに、内容の理解度を深めていただきたいと思います。

もし、同じ問題を解いても３～４回間違った場合は、それがあなたの「弱点問題」です。この「弱点問題」を確実に理解すること、弱点を克服することが、「合格」に結びつくのです。

巻末に本試験に即した模擬想定問題を２回分用意しています。学習の総仕上げとして受験前に時間（２時間）を計って実際の試験のつもりで臨んでください。

ぜひ、本書を活用して、合格を勝ち取ってください。

2024年５月

日本投資環境研究所

外務員資格とは

金融商品取引業者等で金融商品取引業務を行う者を、「外務員」といいます。

日本証券業協会の協会員には、会員、特別会員、特定業務会員があります。この各協会員の外務員資格にはいくつかの種類があり、資格によって取り扱うことのできる商品が異なります。ここでは、会員の外務員資格について紹介します。

【会員外務員の各資格】

資格名	取り扱うことのできる業務	受験資格
一種外務員資格	二種で扱う商品の他、先物取引、オプション取引、信用取引、仕組債 など	なし（誰でも受験可能）【注1】
二種外務員資格	株式、債券、投資信託 など	
内部管理責任者資格	支店等の営業活動が、金商法その他の法令等に準拠し適正に遂行されているか、適切な内部管理が行われているか など	協会員の役員、一種外務員資格を有する者【注2】

【注1】受験資格は特に設けられておりませんので、受験を希望する方は、年齢などにかかわらず、どなたでも受験することができます。
ただし、一級不都合行為者、二級不都合行為者として取り扱われることとなった日から５年間を経過していない者、不合格による受験待機期間中（不合格となった試験の受験日の翌日から起算して30日間）の者及び不正受験等による受験排除期間中の者のいずれかに該当する者は受験することができません。

【注2】日本証券業協会の協会員である金融商品取引業者又は登録金融機関の役職員及びその採用予定者、金融商品仲介業者及び金融商品仲介業者の役職員並びにその採用予定者等に限られます。

外務員になるためには、金融商品取引業者等に所属し、その氏名等を外務員登録原簿に登録することが、金融商品取引法により義務付けられています。この登録手続きが終了しなければ、外務員として活動できません。

さらに、この登録を受ける前提として「外務員資格」を保有していることが必要になります。

受験手続

外務員資格試験は、日本証券業協会が実施しています。この試験に合格し、外務員登録原簿に登録を受けなければ、外務員の職務を行うことはできません。

外務員試験は、日本証券業協会の試験等を実施している「プロメトリック(株)」に申込みを行います。

受験手続は、以下のとおりです。なお、協会員（証券会社、銀行等）を通して、受験手続を行う場合は、異なる手続となります。

受験資格　年齢などにかかわらず、誰でも受験できる

受験手続き　プロメトリック(株)のホームページから申し込む
http://www.prometric-jp.com/examinee/test_list/archives/17

試験実施日　原則として月～金曜日（土日祝、年末年始等を除く）
※試験会場によって実施日が異なりますので、申込みの際に確認しましょう。

試験会場　全国主要都市に設置されているプロメトリック(株)の試験会場（テストセンター）

受験料　13,860円（消費税10%を含む）

詳しい受験手順等は、プロメトリック(株)のホームページで、ご確認下さい。
プロメトリック(株)ホームページ：http://www.prometric-jp.com/

試験内容・合否

二種外務員資格（会員）の試験内容と合否に関しては、以下のとおりです。

試験形式	①○×方式 ②五肢選択方式（五肢択一方式、五肢択二方式）
出題数	合計70問（○×方式50問、五肢選択方式20問） ○×方式各２点、五肢選択方式10点（五肢択二は各５点）
試験方法	試験の出題、解答等はすべてＰＣにより行われます。 操作はマウスを使用します（電卓はＰＣの電卓を用います）。 なお、筆記用具や携帯電話等の持ち込みは禁止されています。
試験時間	２時間
合否判定基準	300点満点のうち７割（210点）以上の得点で合格です。
合否結果	一般受験の場合は、試験終了後正答率が画面上に表示されます。協会員を通した申込みの場合は、試験日の２営業日後に、担当者に通知されます。なお、不合格の場合、不合格となった試験の受験日の翌日から起算して30日間は受験することができません。

出題科目

試験の出題科目は、以下のとおりです（2020年３月時点）。

法令・諸規則	○金融商品取引法及び関係法令 ○金融商品の勧誘・販売に関係する法律 ○協会定款・諸規則 ○取引所定款・諸規則	予想配点 84点／300点
商品業務	○株式業務　○債券業務　○付随業務 ○投資信託及び投資法人に関する業務	予想配点 114点／300点
関連科目	○証券市場の基礎知識　○株式会社法概論 ○経済・金融・財政の常識　○財務諸表と企業分析 ○証券税制　○セールス業務	予想配点 102点／300点

※二種外務員の外務行為の範囲外である信用取引及びデリバティブ取引の基本的知識について、又はコンプライアンスに関する基本的かつ重要な事項については、出題されることがあります。

二種外務員資格（会員）試験　予想配点

	科　　目	問題数		配点
		○×	5択	
第２章	金融商品取引法	5	2	30
第３章	金融商品の勧誘・販売に関係する法律	3	0	6
第６章	協会定款・諸規則	4	3	38
第７章	取引所定款・諸規則	5	0	10
第８章	株式業務	5	2	30
第９章	債券業務	5	3	40
第10章	投資信託及び投資法人に関する業務	7	2	34
第11章	付随業務	0	1	10
第12章	株式会社法概論	5	1	20
第４章	経済・金融・財政の常識	0	2	20
第13章	財務諸表と企業分析	5	1	20
第14章	証券税制	5	1	20
第１章	証券市場の基礎知識	1	1	12
第５章	セールス業務	0	1	10
合計		50	20	300

出 題 順　「金融商品取引法」から、上記表の科目順に出題されます。
なお、同じ科目の中に「○×方式」「五肢選択方式」が混在します。

予想配点　(株)日本投資環境研究所の調査により配点の予想をしました。

本書の見方・使い方

〈弱点問題をチェック〉
問題を間違えた場合、四角部分にチェックを入れてください。もし４回チェックがつくようであれば、それがあなたの「弱点問題」です。
問題そのものを書き写すなどして、確実に解けるよう理解を深めましょう。

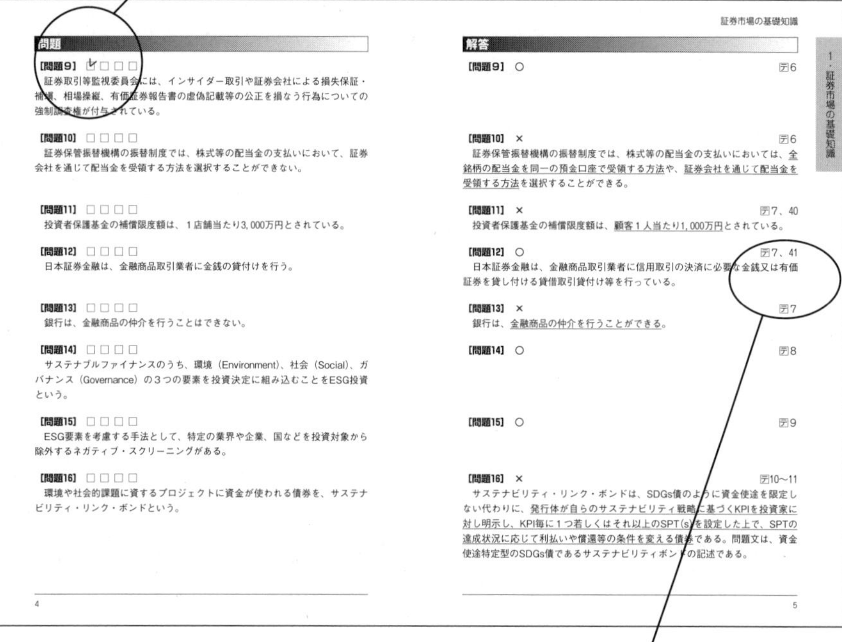

証券市場の基礎知識

問題

【問題９】 ☑□□□
証券取引等監視委員会には、インサイダー取引や証券会社による損失保証・補塡、相場操縦、有価証券報告書の虚偽記載等の公正を損なう行為についての強制調査権が付与されている。

【問題10】 □□□□
証券保管振替機構の振替制度では、株式等の配当金の支払いにおいて、証券会社を通じて配当金を受領する方法を選択することができない。

【問題11】 □□□□
投資者保護基金の補償限度額は、１店舗当たり3,000万円とされている。

【問題12】 □□□□
日本証券金融は、金融商品取引業者に金銭の貸付けを行う。

【問題13】 □□□□
銀行は、金融商品の仲介を行うことはできない。

【問題14】 □□□□
サステナブルファイナンスのうち、環境（Environment）、社会（Social）、ガバナンス（Governance）の３つの要素を投資決定に組み込むことをESG投資という。

【問題15】 □□□□
ESG要素を考慮する手法として、特定の業界や企業、国などを投資対象から除外するネガティブ・スクリーニングがある。

【問題16】 □□□□
環境や社会的課題に資するプロジェクトに資金が使われる債券を、サステナビリティ・リンク・ボンドという。

4

解答

【問題９】 ○ 　テ6

【問題10】 × 　テ6
証券保管振替機構の振替制度では、株式等の配当金の支払いにおいては、全銘柄の配当金を同一の預金口座で受領する方法や、証券会社を通じて配当金を受領する方法を選択することができる。

【問題11】 × 　テ7、40
投資者保護基金の補償限度額は、顧客１人当たり1,000万円とされている。

【問題12】 ○ 　テ7、41
日本証券金融は、金融商品取引業者に信用取引の決済に必要な金銭又は有価証券を貸し付ける貸借取引貸付け等を行っている。

【問題13】 × 　テ7
銀行は、金融商品の仲介を行うことができる。

【問題14】 ○ 　テ8

【問題15】 ○ 　テ9

【問題16】 × 　テ10～11
サステナビリティ・リンク・ボンドは、SDGs債のように資金使途を限定しない代わりに、発行体が自らのサステナビリティ戦略に基づくKPIを投資家に対し明示し、KPI毎に１つ若しくはそれ以上のSPT(s)を設定した上で、SPTの達成状況に応じて利払いや償還等の条件を変える債券である。問題文は、資金使途特定型のSDGs債であるサステナビリティボンドの記述である。

5

1．証券市場の基礎知識

〈参照ページ〉
当社発行の学習テキストの掲載ページを参照することで、内容に立ち返って確認することができます。
略称は、以下のとおりです。
テ……『2024～2025 証券外務員 学習テキスト』

習熟チェック表

各科目の問題数が、いつ、どれだけ解けたかを記録できるチェック表です。
科目の復習や試験日に向けた習熟確認など、学習のめやすとしてお使いください。

科目 ＼ 学習日	月　日	月　日	月　日	月　日
①証券市場の基礎知識 ［全19問］	正　解　　問	正　解　　問	正　解　　問	正　解　　問
	正解率　　%	正解率　　%	正解率　　%	正解率　　%
②金融商品取引法 ［全90問］	正　解　　問	正　解　　問	正　解　　問	正　解　　問
	正解率　　%	正解率　　%	正解率　　%	正解率　　%
③金融商品の勧誘・販売に関係する法律 ［全23問］	正　解　　問	正　解　　問	正　解　　問	正　解　　問
	正解率　　%	正解率　　%	正解率　　%	正解率　　%
④経済・金融・財政の常識 ［全46問］	正　解　　問	正　解　　問	正　解　　問	正　解　　問
	正解率　　%	正解率　　%	正解率　　%	正解率　　%
⑤セールス業務 ［全26問］	正　解　　問	正　解　　問	正　解　　問	正　解　　問
	正解率　　%	正解率　　%	正解率　　%	正解率　　%
⑥協会定款・諸規則 ［全78問］	正　解　　問	正　解　　問	正　解　　問	正　解　　問
	正解率　　%	正解率　　%	正解率　　%	正解率　　%
⑦取引所定款・諸規則 ［全24問］	正　解　　問	正　解　　問	正　解　　問	正　解　　問
	正解率　　%	正解率　　%	正解率　　%	正解率　　%
⑧株式業務 ［全51問］	正　解　　問	正　解　　問	正　解　　問	正　解　　問
	正解率　　%	正解率　　%	正解率　　%	正解率　　%
⑨債券業務 ［全57問］	正　解　　問	正　解　　問	正　解　　問	正　解　　問
	正解率　　%	正解率　　%	正解率　　%	正解率　　%
⑩投資信託及び投資法人に関する業務 ［全77問］	正　解　　問	正　解　　問	正　解　　問	正　解　　問
	正解率　　%	正解率　　%	正解率　　%	正解率　　%
⑪付随業務 ［全21問］	正　解　　問	正　解　　問	正　解　　問	正　解　　問
	正解率　　%	正解率　　%	正解率　　%	正解率　　%
⑫株式会社法概論 ［全62問］	正　解　　問	正　解　　問	正　解　　問	正　解　　問
	正解率　　%	正解率　　%	正解率　　%	正解率　　%
⑬財務諸表と企業分析 ［全40問］	正　解　　問	正　解　　問	正　解　　問	正　解　　問
	正解率　　%	正解率　　%	正解率　　%	正解率　　%
⑭証券税制 ［全48問］	正　解　　問	正　解　　問	正　解　　問	正　解　　問
	正解率　　%	正解率　　%	正解率　　%	正解率　　%
合計 ［全662問］	正　解　　問	正　解　　問	正　解　　問	正　解　　問
	正解率　　%	正解率　　%	正解率　　%	正解率　　%

会員

試験対策問題［二種］

問　題

1 証券市場の基礎知識

○×問題 以下について、正しければ○を、正しくなければ×をつけなさい。

[問題1] □□□□

金融市場において、経済主体間の資金需要額と供給額は、家計部門や企業部門で必ず一致する。

[問題2] □□□□

企業の資金調達方法のうち、株式の発行によるものは直接金融に区分され、債券の発行によるものは、間接金融に区分される。

[問題3] □□□□

資金移転の仲介の役割を担う証券会社は、供給者の資産を管理運用し、その果実（収益）を顧客に還元する。

[問題4] □□□□

証券市場における発行市場とは、資金調達の目的で新規に発行される証券を、発行者から直接あるいは仲介者を介して投資者が第1次取得する市場をいう。

[問題5] □□□□

金融商品取引業者として登録を受けていなくても、内閣府令の定める一定の業務であれば、金融商品取引業を営むことができる。

[問題6] □□□□

金融商品取引業者の業務のうち、店頭デリバティブ取引業務は、リスクの高い業務であることから内閣総理大臣の認可を要する証券業務である。

[問題7] □□□□

金融商品取引業者が元引受け業務を行う場合には、内閣総理大臣の認可が必要である。

[問題8] □□□□

投資者保護とは、投資対象となる有価証券の元本を保証することである。

解答

［問題1］ ×　テ2

経済主体間の資金需要額と供給額は、全体としては一致するが、部門別では必ずしも一致しない。

［問題2］ ×　テ3

株式の発行も債券の発行も直接金融である。

［問題3］ ×　テ3

証券会社は資金移転等の仲介機能を果たしているが、証券を取得する判断と責任はすべて供給者（投資者）に帰属するものであり、供給者の資産を管理運用はしない。

［問題4］ ○　テ4

［問題5］ ×　テ5、18

金融商品取引業者として内閣総理大臣の登録を受けた者でなければ、金融商品取引業を行ってはならない。

［問題6］ ×　テ5、18

内閣総理大臣の登録を要する証券業務である。

［問題7］ ×　テ5、19

元引受け業務については、内閣総理大臣の登録が必要である。

［問題8］ ×　テ5

金融商品取引法上の投資者保護は、投資対象となる有価証券の元本を保証したり、株式の配当を約束するものではなく、証券投資に関する情報を正確かつ迅速に投資者が入手でき、また、不公正な取引の発生から投資者を回避させることである。

問題

[問題9] □□□□

証券取引等監視委員会には、インサイダー取引や証券会社による損失保証・補填、相場操縦、有価証券報告書の虚偽記載等の公正を損なう行為についての強制調査権が付与されている。

[問題10] □□□□

証券保管振替機構の振替制度では、株式等の配当金の支払いにおいて、証券会社を通じて配当金を受領する方法を選択することができない。

[問題11] □□□□

投資者保護基金の補償限度額は、１店舗当たり3,000万円とされている。

[問題12] □□□□

日本証券金融は、金融商品取引業者に金銭の貸付けを行う。

[問題13] □□□□

銀行は、金融商品の仲介を行うことはできない。

[問題14] □□□□

サステナブルファイナンスのうち、環境（Environment）、社会（Social）、ガバナンス（Governance）の３つの要素を投資決定に組み込むことをESG投資という。

[問題15] □□□□

ESG要素を考慮する手法として、特定の業界や企業、国などを投資対象から除外するネガティブ・スクリーニングがある。

[問題16] □□□□

環境や社会的課題に資するプロジェクトに資金が使われる債券を、サステナビリティ・リンク・ボンドという。

解答

[問題9]　○　　テ6

[問題10]　×　　テ6

証券保管振替機構の振替制度では、株式等の配当金の支払いにおいては、全銘柄の配当金を同一の預金口座で受領する方法や、証券会社を通じて配当金を受領する方法を選択することができる。

[問題11]　×　　テ7、40

投資者保護基金の補償限度額は、顧客１人当たり1,000万円とされている。

[問題12]　○　　テ7、41

日本証券金融は、金融商品取引業者に信用取引の決済に必要な金銭又は有価証券を貸し付ける貸借取引貸付け等を行っている。

[問題13]　×　　テ7

銀行は、金融商品の仲介を行うことができる。

[問題14]　○　　テ8

[問題15]　○　　テ9

[問題16]　×　　テ10～11

サステナビリティ・リンク・ボンドは、SDGs債のように資金使途を限定しない代わりに、発行体が自らのサステナビリティ戦略に基づくKPIを投資家に対し明示し、KPI毎に１つ若しくはそれ以上のSPT(s)を設定した上で、SPTの達成状況に応じて利払いや償還等の条件を変える債券である。問題文は、資金使途特定型のSDGs債であるサステナビリティボンドの記述である。

問題

[問題17] □□□□

サステナブルファイナンスは、特定の金融商品や運用スタイルを指す言葉ではなく、持続可能な社会を支える金融の制度や仕組み、行動規範、評価手法等の全体像を指す。

選択問題

[問題18] □ □ □ □

次の文章のうち、正しいものの番号を１つマークしなさい。

1．証券市場のうち、株式市場における資金調達や債券市場における資金調達は、間接金融に分類される。
2．金融商品取引業者は、元引受け業務を行うにあたっては、内閣総理大臣の認可が必要である。
3．発行市場と流通市場は、別々の市場であり、お互いに影響を及ぼすことはない。
4．証券保管振替機構は、国債の決済及び管理業務を集中的に行う日本で唯一の証券決済機関である。
5．証券取引等監視委員会は、取引調査、金融商品取引業者への検査、有価証券報告書等の開示書類の検査を行っている。

[問題19] □ □ □ □

次の文章のうち、正しいものの番号を２つマークしなさい。

1．間接金融では金融仲介機関が資金回収にかかわるリスクを負うのに対して、直接金融では資金の最終的貸し手（投資者）がリスクを負う。
2．金融商品取引業者が、PTS（私設取引システム）業務を行おうとするときは、内閣総理大臣の登録が必要である。
3．発行市場と流通市場は、別々の市場であり、お互いに影響を及ぼすことはない。
4．証券取引等監視委員会は、金融商品取引業界における自主規制機関の１つとされている。
5．証券取引等監視委員会には、インサイダー取引や証券会社による損失保証・補塡、相場操縦、有価証券報告書の虚偽記載等の公正を損なう行為についての強制調査権が付与されている。

解答

[問題17]　○　テ8

[問題18]　**5**　テ2～6、19

1．×　証券市場を通じるものは、直接金融に分類される。

2．×　内閣総理大臣の登録が必要である。

3．×　発行市場と流通市場は、有機的に結びついている。

4．×　証券保管振替機構は、国債以外の有価証券の決済及び管理業務を集中的に行う日本で唯一の証券決済機関である。

5．○

[問題19]　**1、5**　テ3～6、193

1．○

2．×　PTS（私設取引システム）業務は、内閣総理大臣の認可が必要である。

3．×　発行市場が機能するためには、公正で継続的な価格形成と換金の可能性が高い（流動性が高い）流通市場が不可欠であり、両市場は有機的に結び付いている。

4．×　証券取引等監視委員会は、金融庁に属する公的規制機関であり、自主規制機関ではない。

5．○

2 金融商品取引法

○×問題 以下について、正しければ○を、正しくなければ×をつけなさい。

【問題1】 □□□□

金融商品取引法が規制対象としている有価証券の範囲には、株式・債券、投資信託の受益証券は含まれるが、約束手形や小切手は含まれない。

【問題2】 □□□□

有価証券に表示されるべき権利は、株券の電子化などその有価証券が発行されていない場合は、その権利を有価証券とみなさない。

【問題3】 □□□□

金融商品取引業者とは、内閣総理大臣の認可を受けて、金融商品取引業を営む者をいう。

【問題4】 □□□□

株式の売買の取次ぎとは、顧客からの売買注文を、顧客の計算において金融商品取引業者の名をもって行う取引で、売買を委託されて執行することから委託売買といわれる。

【問題5】 □□□□

有価証券の引受けとは、有価証券の募集・私募又は売出しに際し、発行体・売出人のためにその販売を引き受ける契約を締結することをいう。

【問題6】 □□□□

有価証券の発行について、発行者・売出人と引受会社が締結する引受契約のうち、発行者・売出人から直接引き受けることを、元引受けといい、元引受けを行う場合、第一種金融商品取引業者として内閣総理大臣の登録を受けなければならない。

【問題7】 □□□□

有価証券の売出しとは、第一項有価証券については既に発行された有価証券の取得の申込みの勧誘のうち、勧誘対象者が多数（50名以上）である場合のことをいう。

解答

【問題1】 ○ テ16

【問題2】 × テ17

有価証券に表示されるべき権利（有価証券表示権利）は、株券の電子化や振替社債など、その有価証券が発行されていなくても、その権利を有価証券とみなす。暗号等資産（いわゆる仮想通貨）などもこれに含まれる。

【問題3】 × テ18

金融商品取引業者とは、内閣総理大臣の登録を受けて、金融商品取引業を営む者をいう。

【問題4】 ○ テ18

【問題5】 ○ テ18

なお、その有価証券の全部又は一部を取得することを買取引受け、売れ残りがあった場合にそれを取得することを残額引受けという。

【問題6】 ○ テ19

【問題7】 ○ テ19

問題

[問題8] □□□□

PTS業務を業として行おうとするときは、内閣総理大臣の登録を受けなければならない。

[問題9] □□□□

金融商品取引業者は、登録申請書又は添付書類の記載事項に変更があったときには、登録申請書の場合はその日から２週間以内に、添付書類の場合は遅滞なく、その旨を内閣総理大臣に届け出なければならない。

[問題10] □□□□

いったん登録された外務員は、いかなる場合も登録を取り消されることはない。

[問題11] □□□□

外務員は、その所属する金融商品取引業者等に代わって、外務員の職務に関し、一切の裁判上の行為を行う権限を有するものとみなされる。

[問題12] □□□□

金融商品取引業者等は、外務員の行った営業行為につき責任を負うが、これは相手方である顧客に悪意があった場合は適用されない。

[問題13] □□□□

金融商品取引業者等は、その行う金融商品取引業の内容について広告等をする場合は、利益の見込み等について著しく事実に相違する表示又は著しく人を誤認させる表示をすることは禁止されている。

[問題14] □□□□

金融商品取引業者等が広告等を行う場合に義務付けられているものの１つに、重要事項について顧客の利益となる事実がある。

[問題15] □□□□

金融商品取引業者等は、金融商品取引契約を締結しようとするときは、あらかじめ、契約締結前交付書面を交付しなければならない。

解答

[問題8]　×　テ20～21、193

PTS業務は、内閣総理大臣の認可を受けなければならない。

[問題9]　○　テ21

[問題10]　×　テ23

内閣総理大臣は、欠格事由のいずれかに該当したときなど一定の場合、外務員登録を取り消し、又は２年以内の期間を定めて職務の停止を命ずることができる。

[問題11]　×　テ23

外務員は、その所属する金融商品取引業者等に代わって、外務員の職務に関し、一切の裁判外の行為を行う権限を有するものとみなされる。

[問題12]　○　テ23

[問題13]　○　テ24

[問題14]　×　テ24

金融商品取引業者等が広告等を行う場合に義務付けられているものの１つに、重要事項について顧客の不利益となる事実がある。

[問題15]　○　テ24

問題

[問題16] □□□□

金融商品取引業者等は、金融商品取引契約を締結しようとする時は、あらかじめ、顧客に対して重要事項を記載した書面を交付するが、その記載内容に「手数料等、顧客が支払うべき対価に関する事項」は含まれるが、「金利、通貨の価格変動により損失が生じるおそれ」は含まれない。

[問題17] □□□□

金融商品取引業者等は、上場有価証券の売買について過去１年以内に当該顧客に対して、上場有価証券等書面を交付している場合、契約締結前書面等の交付は免除される。

[問題18] □□□□

金融商品取引業者等は、原則として金融商品取引契約が成立したときは、遅滞なく書面を作成し、これを顧客に交付しなければならない。

[問題19] □□□□

金融商品取引業者等が、契約締結時の書面交付義務に違反した場合、当該金融商品取引業者と違反行為者は行政処分の対象となる。

[問題20] □□□□

金融商品取引業者等は、金融商品取引行為について、顧客の知識、経験、財産の状況及び金融商品取引契約を締結する目的に照らして不適当と認められる勧誘を行って投資者の保護に欠けることのないように業務を行わなければならない。

[問題21] □□□□

金融商品取引業者等は、有価証券の売買等に関する顧客の注文について、最良の取引の条件で執行するための方針及び方法を定め公表しなければならないが、最良執行方針等を記載した書面を交付する義務はない。

[問題22] □□□□

有価証券の売買その他の取引について生じた損失を補塡することを顧客と約束することは、実際に補塡が行われなければ禁止行為にはならない。

[問題23] □□□□

有価証券の売買その他の取引等について、事後に顧客の損失を補塡する行為は、価格形成自体を阻害するわけではないため、禁止行為に該当しない。

解答

[問題16]　×　テ25

「金利、通貨の価格変動により損失が生じるおそれ」も含まれる。

[問題17]　○　テ25

契約締結前の書面交付義務の適用除外に当たる。

[問題18]　○　テ25

なお、この書面を契約締結時交付書面という。

[問題19]　○　テ26

契約締結時の書面交付義務に違反した場合、行政処分の対象となるほか、違反行為者と法人（金融商品取引業者）が処罰の対象となる。

[問題20]　○　テ27

問題文は、適合性の原則の遵守義務についての記述である。

[問題21]　×　テ27

最良の取引の条件で執行するための方針及び方法を定め、公表し、最良執行方針等を記載した書面を交付しなければならない。なお、この交付は電子交付によることができる。

[問題22]　×　テ28

損失補塡を実際に行わなくても、約束する行為自体が、禁止行為に該当する。

[問題23]　×　テ28

有価証券の売買その他の取引等について生じた顧客の損失を補塡するため財産上の利益を提供する行為は禁じられている。

問題

[問題24] □□□□

損失補塡は禁止されているので、たとえ事故に該当するものであっても、顧客に対して損失補塡をすることはできない。

[問題25] □□□□

特定投資家制度において、地方公共団体は、選択により一般投資家に移行可能な特定投資家に分類される。

[問題26] □□□□

有価証券の引受人となった金融商品取引業者は、その有価証券を売却する場合において、引受人となった日から1ヵ月を経過する日までは、その買主に対し、買入代金について貸付けその他信用の供与を行ってはならない。

[問題27] □□□□

断定的判断の提供による勧誘は禁止されているが、その勧誘が結果的に的中した場合は違法性がなくなる。

[問題28] □□□□

金融商品取引業者等は、自己が保有する銘柄について、不特定かつ多数の顧客に対し、買付け若しくは売付けの勧誘を一定期間継続して、一斉にかつ過度に勧誘する行為で、公正な価格形成を損なうおそれがあるものを行ってはならない。

[問題29] □□□□

金融商品取引業者等又はその役職員は、特定かつ少数の銘柄について、不特定かつ多数の顧客に対し、買付け若しくは売付けの勧誘を一定期間継続して、一斉にかつ過度に行うことを禁じているが、その銘柄が金融商品取引業者等が現に保有している銘柄であれば、禁止行為には当たらない。

[問題30] □□□□

金融商品取引業者等又はその役員若しくは使用人は、有価証券の売買その他の取引等につき、顧客に対して当該有価証券の発行者の法人関係情報を提供して勧誘を行ってはならない。

解答

[問題24]　×　テ28

その補塡が事故に起因するものであることについて、金融商品取引業者等があらかじめ内閣総理大臣から確認を受けている場合やその他内閣府令で定めている場合には単なる事故処理として扱われ、損失補塡に該当しない。

[問題25]　×　テ29

地方公共団体は、選択により特定投資家に移行可能な一般投資家に分類される。

[問題26]　×　テ30

有価証券の引受人となった金融商品取引業者は、その有価証券を売却する場合において、引受人となった日から6ヵ月を経過する日までは、その買主に対し買入代金について貸付けその他信用の供与を行ってはならない。

[問題27]　×　テ31

結果的に的中しても、投資判断の形成を歪めることになるので違法性はなくならない。

[問題28]　○　テ32

問題文は、大量推奨販売の禁止の記述であるが、その銘柄が現にその金融商品取引業者等が保有している有価証券である場合の推奨販売行為は厳しく禁じられている。

[問題29]　×　テ32

特に、金融商品取引業者等が現に保有している銘柄を、大量推奨販売することは、そのまま相場操縦に該当する可能性もあるので、厳しく禁じられている。

[問題30]　○　テ32

問題

[問題31] □□□□

金融商品取引業者等は、未公表の会社情報等を営業に資するために、共有して使用することができる。

[問題32] □□□□

金融商品取引業者等は、顧客から有価証券の買付け又は売付けの委託等を受け、その委託に係る売買を成立させる前に自己の計算において、その有価証券と同一の銘柄の売買を成立させることを目的として、当該顧客の委託注文と同一又はそれよりも有利な価格で買付け又は売付けする行為は禁じられている。

[問題33] □□□□

金融商品取引業者等は、顧客との間に継続的な取引関係がある場合には、顧客の意思を確認することなく、売買を行うことや、あらかじめ買付けをしておいて後から顧客の承認（事後承諾）を得ようとする行為を行うことができる。

[問題34] □□□□

金融商品取引業者等の役員若しくは使用人は、専ら投機的利益の追求を目的としなければ、職務上知り得た特別の情報に基づいて、有価証券の売買等を行うことができる。

[問題35] □□□□

金融商品取引業者等は、NISA（少額投資非課税制度）の非課税口座内に生じた損失について、一般口座の売買益との損益通算ができることを顧客に説明しなければならない。

[問題36] □□□□

元本払戻金（特別分配金）が支払われる追加型株式投資信託は、NISA（少額投資非課税制度）の制度上のメリットを十分享受できる。

[問題37] □□□□

投資運用業を行う金融商品取引業者等は、投資一任契約に関して、取引の決済のために必要な場合を除き、顧客から金銭若しくは有価証券の預託を受けてはならない。

[問題38] □□□□

信用格付とは、金融商品又は法人の信用状態に関する評価の結果について、記号又は数字を用いて表示した等級をいう。

解答

[問題31]　×　テ32、46、115

未公表の会社情報等を営業活動に利用することは禁止されている。

[問題32]　○　テ33

問題文は、フロントランニングの禁止の記述である。

[問題33]　×　テ33

顧客との間に継続的な取引関係がある場合でも、顧客の意思を確認することなく、売買を行うことや、あらかじめ買付けをしておいて後から顧客の承認（事後承諾）を得ようとする行為は禁止されている。

[問題34]　×　テ34

金融商品取引業者等の役員若しくは使用人は、専ら投機的利益の追求を目的としなくても、職務上知り得た特別の情報に基づいて、有価証券の売買等を行うことはできない。

[問題35]　×　テ35

NISAの非課税口座内に生じた損失については、特定口座や一般口座で保有する他の有価証券の売買益や配当金との損益通算はできず、当該損失の繰越控除もできない。

[問題36]　×　テ35

追加型株式投資信託の分配金のうち元本払戻金（特別分配金）は、そもそも非課税でありNISAの制度上のメリットを享受できない。

[問題37]　○　テ36

[問題38]　○　テ38

問題

[問題39] □□□□

信用格付業を行う法人で、内閣総理大臣の認可を受けた者を信用格付業者という。

[問題40] □□□□

投資者保護基金は、内閣総理大臣及び財務大臣による設立の認可を受けて運用され、その会員となるのは金融商品取引業者に限定される。

[問題41] □□□□

投資者保護基金は、一般顧客、適格機関投資家ともに補償対象としており、補償限度額は一顧客当たり1,000万円までである。

[問題42] □□□□

内閣総理大臣は、一定の要件を備える者をその登録により、紛争解決等業務を行う者として指定できる。

[問題43] □□□□

金融ADR制度における苦情の処理・紛争の解決の手続きについては、法律において詳細な手続規定が設けられている。

[問題44] □□□□

相場操縦は、原則、禁止されているが、利益の獲得を目的としていなければ、禁止行為に該当しない。

[問題45] □□□□

いわゆる馴合取引とは、上場有価証券等の売買等について、取引状況に関し他人に誤解を生じさせる目的をもって、権利の移転、金銭の授受等を目的としない仮装の取引をすることをいう。

[問題46] □□□□

取引を誘引する目的をもって、取引所金融商品市場における上場金融商品等の相場が自己又は他人の操作によって変動するべき旨を流布することは相場操縦の一類型として禁止されている。

解答

[問題39]　×　テ38

信用格付業を行う法人で、内閣総理大臣の登録を受けた者を信用格付業者という。

[問題40]　○　テ40

[問題41]　×　テ7、40

投資者保護基金が補償対象とするのは一般顧客であり、適格機関投資家は対象ではない。補償金額は、一顧客当たり1,000万円までである。

[問題42]　×　テ42

紛争解決機関になろうとする者は、内閣総理大臣への申請が必要である。

[問題43]　×　テ42

金融ADR制度においては、指定紛争解決機関の自主性を尊重し、苦情処理・紛争解決の手続きについて、法律における詳細な手続規定は設けられていない。業務規程や手続実施基本契約等において、その具体的内容を規定することとなっている。

[問題44]　×　テ44

相場操縦の成立のためには、利益の獲得を目的にしていることは必要ではない。市場の公正な価格形成を人為的に歪曲する意思のみで相場操縦とされる。

[問題45]　×　テ44

馴合取引とは、自己が行う売付け若しくは買付けと同時期に、それと同価格で他人がその金融商品の買付け若しくは売付けを行うことをあらかじめその者と通謀して、その売付け若しくは買付けを行うことである。問題文は、仮装取引の記述である。

[問題46]　○　テ45

問題文は、市場操作情報の流布の禁止の記述である。

問題

[問題47] □□□□

特定投資家は、有価証券等の売買の取引を誘引する目的をもって、取引所金融市場における有価証券の相場を変動させるべき一連の有価証券の売買の委託をすることができる。

[問題48] □□□□

何人も金融商品取引法における、上場有価証券の相場をくぎ付けにし、固定し、又は安定させる目的をもって、金融商品市場における一連の売買又はその委託若しくは受託をすることはいかなる場合も禁止されている。

[問題49] □□□□

会社関係者などで、所定の方法で上場会社等の業務等に関する重要事実を知った者は、これが公表される前はもちろん、公表されてから6ヵ月以内は、その上場会社等の特定有価証券等に係る売買等を行ってはならない。

[問題50] □□□□

会社関係者が、公表前に入手した上場会社等の業務に関する重要事実をもとに買付けをしたが、売却後に損失が出た場合は、内部者取引に該当しない。

[問題51] □□□□

内部者取引における会社関係者の範囲には、上場投資法人等の執行役員や監督役員は含まれない。

[問題52] □□□□

「内部者取引規制」において、会社関係者が、上場会社等の業務に関する重要事実を公表前に入手した場合には、会社関係者でなくなったとしても、会社関係者でなくなった後6ヵ月間は、当該重要事実が公表された場合でも、当該会社の発行する上場株券等の特定有価証券等に係る売買はできない。

[問題53] □□□□

上場会社の業務を執行する機関が、いったんは重要事実に当たる新株式の発行を決定し、公表したが、その後当該新株式の発行を中止する決定をした場合には、その中止の決定も重要事実に当たる。

解答

[問題47]　×　テ45

有価証券等の売買の取引を誘引する目的をもって、取引所金融市場における有価証券の相場を変動させるべき一連の有価証券の売買の委託をすることは相場操縦であり、何人も行ってはならない。

[問題48]　×　テ45

例外として、安定操作取引については、禁止されていない。

[問題49]　×　テ46

内部者は、重要事実が公表される前に、その上場会社等の特定有価証券等に係る売買等を行ってはならないが、重要事実が公表された後であれば売買等を行うことができる。

[問題50]　×　テ46

売却後に損失が出た場合でも、内部者取引に該当する。

[問題51]　×　テ46

上場投資法人等の執行役員や監督役員及び上場投資法人等の資産運用会社の役員も、会社関係者に含まれる。

[問題52]　×　テ46

会社関係者でなくなって「1年」以内の者は会社関係者に該当するが、会社関係者でも、重要事実の公表後は売買可能である。

[問題53]　○　テ47

問題

[問題54] □□□□

内部者取引において、資本金の額の減少は重要事実に含まれる。

[問題55] □□□□

内部者取引における重要事実に、合併は含まれない。

[問題56] □□□□

上場会社の業務等に関する重要事実には、「代表取締役の解任・選任」「主要株主の異動」などが含まれる。

[問題57] □□□□

内部者取引における主要株主とは、総株主等の議決権の100分の10以上の議決権を保有する株主のことをいう。

[問題58] □□□□

上場会社等の業務等に関する重要事実に該当する事項について、重要事実が日刊紙を販売する新聞社や通信社又は放送機関等の２以上の報道機関に対して公開され、かつ、公開した時から12時間以上経過した場合、重要事実が公表されたとみなされる。

[問題59] □□□□

上場会社等が、金融商品取引所が運営する適時開示情報伝達システム（TDnet）に重要事実を掲載することにより、公衆縦覧に供されるとともに、直ちに公表されたことになる。

[問題60] □□□□

重要事実の公表において、当該上場会社等が提出した有価証券報告書等に記載され、金融商品取引法の規定に従い公衆の縦覧に供された場合も公表されたとみなされる。

[問題61] □□□□

上場会社の役員は、当該上場会社の株式に係る買付け又は売付け等をした場合、内閣府令に定める場合を除いて、その売買等に関する報告書を内閣総理大臣（金融庁長官）に提出しなければならない。

解答

[問題54]　○　テ47

[問題55]　×　テ47

内部者取引における重要事実に、合併は含まれる。

[問題56]　×　テ47

「代表取締役の解任・選任」は、業務等に関する重要事実に含まれない。

[問題57]　○　テ47

[問題58]　○　テ47

[問題59]　○　テ48

なお、この場合には12時間ルールは適用されない。

[問題60]　○　テ48

[問題61]　○　テ48

問題

[問題62] □□□□

上場会社等の役員又は主要株主が、当該上場会社等の特定有価証券等について、自己の計算においてその買付け等をした後6ヵ月以内に売付け等をして利益を得たときは、当該上場会社は、その者に対し得た利益の提供を請求できる。

[問題63] □□□□

何人も、有価証券等の相場を偽って公示し、又は公示若しくは頒布する目的をもって有価証券等の相場を偽って記載した文書を作成し、若しくは頒布してはならない。

[問題64] □□□□

企業内容等開示制度が適用される有価証券には、国債証券、地方債証券、金融債も含まれる。

[問題65] □□□□

「企業内容等開示制度」が適用される有価証券には、投資信託の受益証券は含まれない。

[問題66] □□□□

有価証券の募集・売出しについて、発行者が当該募集又は売出しに関する届出を内閣総理大臣に対して行う必要がある。

[問題67] □□□□

金融商品取引業者は、有価証券の募集又は売出しの届出の効力発生前において、当該有価証券への投資勧誘を行うことは可能であるが、当該有価証券を顧客に取得させ又は売付けることは禁止されている。

[問題68] □□□□

有価証券の募集若しくは売出しにおける目論見書の交付に当たっては、直接相手方に交付し、又は相手方からの交付の請求があった場合には交付しなければならない。

[問題69] □□□□

有価証券を募集又は売出しにより取得させ又は売り付ける場合には、契約締結後、遅滞なく目論見書を交付しなければならない。

解答

[問題62]　○　テ49

[問題63]　○　テ49

問題文は、虚偽相場の公示等の禁止の記述である。

[問題64]　×　テ50

企業内容等開示制度が適用される有価証券には、国債証券、地方債証券、金融債は含まれない。また、政府保証債及び流動性の低い一定の集団投資スキーム持分等も適用されない。

[問題65]　×　テ50

投資信託の受益証券には、「企業内容等開示制度」が適用される。

[問題66]　○　テ51

[問題67]　○　テ51

なお、内閣総理大臣が届出を受理すると、原則として、その日から15日が経過した日に効力が発生する。

[問題68]　○　テ52

[問題69]　×　テ52

有価証券を募集又は売出しにより取得させ又は売り付ける場合には、目論見書をあらかじめ又は同時に投資者に交付しなければならない。

問題

[問題70] □□□□

既に開示が行われている場合における有価証券の売出しについては、発行者等は、内閣総理大臣へ届出を行えば、目論見書の交付が免除される。

[問題71] □□□□

企業内容等開示制度に関して、株式の所有者が500人以上のとき、その発行者は、当該株式の所有者が500人以上となった年度を含めて５年間、継続開示義務が課される。

[問題72] □□□□

有価証券報告書は、有価証券の募集若しくは売出しに際し、内閣総理大臣（金融庁長官）に提出するものであり、当該募集又は売出しに関する情報が記載された勧誘文書である。

[問題73] □□□□

有価証券報告書の提出を義務付けられる上場会社等は、半期報告書を、半期（６ヵ月）経過後45日以内に内閣総理大臣に提出しなければならない。

[問題74] □□□□

有価証券報告書等の提出を義務付けられている上場会社等は、有価証券報告書等の記載内容が金融商品取引法令に基づき適正であることを経営者が確認した旨を記載した確認書を当該有価証券報告書等に併せて内閣総理大臣に提出しなければならない。

[問題75] □□□□

企業内容等開示制度に関して、企業内容に関し財政状態及び経営成績に著しい影響を与える事象が発生したときには、発行会社は訂正報告書を内閣総理大臣に提出しなければならない。

[問題76] □□□□

「企業内容等開示制度」に関して、有価証券届出書及び有価証券報告書等は、一定の場所に備え置かれ各々の書類ごとに定められた期間、公衆の縦覧に供される。

解答

[問題70]　×　テ52

既に開示が行われている場合における有価証券の売出しについては、発行者等以外の者が行う場合は、目論見書の交付は免除されるが、発行者等は、引き続き目論見書の交付が要求される。

[問題71]　×　テ53

株式の所有者が300人以上のとき、その発行者は、当該株式の所有者が300人以上となった年度を含めて５年間、継続開示義務が課される。

[問題72]　×　テ53

有価証券報告書は、事業年度経過後３ヵ月以内に作成する企業情報の外部への開示資料である。

[問題73]　○　テ53

なお、2024年４月１日以後に開始する事業年度の会社から四半期報告書が廃止されたため、有価証券報告書の提出義務会社は半期報告書の提出が義務付けられるようになった。

[問題74]　○　テ53

[問題75]　×　テ53

この場合、発行会社は、臨時報告書を提出しなければならない。訂正報告書は、有価証券報告書等の提出後、重要事項に変更がある場合に提出する書類である。

[問題76]　○　テ54

なお、公衆の縦覧に供される書類には、発行登録書、発行登録追補書類、有価証券報告書、半期報告書、確認書、内部統制報告書、臨時報告書、親会社等状況報告書、自己株券買付状況報告書等がある。

問題

[問題77] □□□□

発行者以外の者による株券等の買付け等であって、市場外で60日間に11名以上の者から株券等を買付け、その買付後の株券等所有割合が３％を超える場合等は、原則として公開買付けによらなければならない。

[問題78] □□□□

公開買付けの途中で、公開買付価格を引き上げることはできるが、引き下げることは原則できない。

[問題79] □□□□

公開買付者は、公開買付け後の株券等所有割合が３分の２以上となる場合には、応募株式の全部を買い付けなければならない。

[問題80] □□□□

「株券等の大量保有の状況に関する開示制度」に関して、大量保有報告書の提出期限は、株券等の実質的な保有者がこの開示制度に定める大量保有者に該当することとなった日から起算して10日（日曜日その他政令で定める休日の日数は算入しない）以内である。

[問題81] □□□□

大量保有報告制度の対象有価証券には、株券や新株予約権証券は含まれない。

[問題82] □□□□

大量保有報告制度における株券等保有割合は、発行済株式総数を保有する株券等の数で除して求められる。

[問題83] □□□□

大量保有報告書を提出すべき者は、大量保有者となった後に、株券等保有割合が１％以上増減等した場合には、その日から５日以内に変更報告書を提出しなければならない。

[問題84] □□□□

大量保有報告書は、５年間公衆の縦覧に供される。

解答

[問題77]　×　テ55

買付後の株券等所有割合が５％を超える場合は、公開買付けによらなければならない。

[問題78]　○　テ55

[問題79]　○　テ55

[問題80]　×　テ56

大量保有報告書の提出期限は、大量保有者に該当することとなった日から起算して５日（日曜日その他政令で定める休日の日数は算入しない）以内である。

[問題81]　×　テ56

大量保有報告制度の対象有価証券には、株券や新株予約権証券も含まれる。

[問題82]　×　テ56

大量保有報告制度における株券等保有割合は、保有する株券等の数に共同保有者が保有する株券等の数を加え、それを発行済株式総数で除して求められる。

[問題83]　○　テ57

[問題84]　○　テ57

問題

選択問題

[問題85] □ □ □ □

次の文章のうち、「金融商品取引業の内容」に関する記述として、正しいものの番号を２つマークしなさい。

1. 有価証券の売買の取次ぎとは、自己の名をもって委託者の計算で有価証券を買い入れ又は売却することを引き受けることをいう。
2. 有価証券の売買等の代理とは、委託者の名をもって自己の計算で有価証券を買い入れ又は売却すること等を引き受けることをいう。
3. 有価証券の売買等の媒介とは、他人間の取引の成立に尽力することをいう。
4. 有価証券の募集とは、第一項有価証券については既に発行された有価証券の取得の申込みの勧誘のうち、勧誘対象者が多数（500名以上）である場合のことをいう。
5. 有価証券の売出しとは、第一項有価証券については新たに発行される有価証券の取得の申込みの勧誘のうち、勧誘対象者が多数（50名以上）である場合のことをいう。

[問題86] □ □ □ □

次の文章のうち、「外務員制度」に関する記述として正しいものの番号を１つマークしなさい。

1. 金融商品取引業者は、営業所外の場所で外務行為を行う者については、外務員登録を行わなければならないが、営業所内で外務行為を行う者については、外務員の登録を要しないものとされている。
2. 内閣総理大臣は、登録申請の外務員が欠格事由のいずれかに該当するときでも、その登録を拒否することはできない。
3. 内閣総理大臣は、登録を受けている外務員が、外務員の職務に関して著しく不適当な行為をしたと認められるときでも、その登録を取り消すことはできない。
4. 有価証券の売買その他の取引等に関し、虚偽の表示をし、又は投資者の投資判断に重大な影響を及ぼすような重要な事項について誤解を生ぜしめるような表示をすることは禁じられているが、勧誘行為がない場合は適用されない。
5. 金融商品取引業者等又はその役員若しくは使用人は、あらかじめ顧客の同意を得ることなく、当該顧客の計算により有価証券等の売買等をしてはならない。

解答

[問題85]　1、3 　テ18～19

1．○
2．×　委託者の計算で委託者の名で有価証券の売買等を引き受けることを、代理という。
3．○
4．×　有価証券の募集とは、第一項有価証券については、新たに発行される有価証券を、50名以上の者を相手方として行う場合をいう。
5．×　有価証券の売出しとは、第一項有価証券については、既に発行された有価証券の売付けの申込み又はその買付けの申込みの勧誘のうち、50名以上を相手方として行う場合をいう。

[問題86]　5 　テ22～23、31、33

1．×　営業所の内外を問わず、外務行為を行う者については、外務員登録原簿に登録を受けなければならず、登録外務員以外の者は外務行為が許されない。
2．×　内閣総理大臣は、登録申請の外務員が欠格事由のいずれかに該当するときは、その登録を拒否しなければならない。
3．×　内閣総理大臣は、登録を受けている外務員が、外務員の職務に関して著しく不適当な行為をしたと認められるときは、その登録を取り消し、又は2年以内の期間を定めてその職務の停止を命ずることができる。
4．×　勧誘行為がなくても適用される。
5．○　問題文は、無断売買の禁止の記述である。

問題

[問題87] □□□□

次の文章のうち、誤っているものの番号を２つマークしなさい。

1．仮装取引とは、上場有価証券等の売買等について、取引状況に関し他人に誤解を生じさせる目的をもって、権利の移転、金銭の授受等を目的としない仮装の取引をすることをいう。

2．特定投資家は、有価証券等の売買の取引を誘引する目的をもって、取引所金融市場における有価証券の相場を変動させるべき一連の有価証券の売買の委託をすることができる。

3．取引を誘引する目的をもって、重要な事項について虚偽であり、又は誤解を生じさせるべき表示を故意に行うことは禁止されている。

4．何人も有価証券の相場をくぎ付けにし、固定し、又は安定させる目的をもって、金融商品市場における一連の売買又はその委託若しくは受託をする行為は、いかなる場合も禁止されている。

5．内部者取引において、株式の分割は、重要事実に該当する。

[問題88] □□□□

次の文章のうち、正しいものの番号を２つマークしなさい。

1．「企業内容等開示（ディスクロージャー）制度」が適用される有価証券には、投資信託の受益証券は含まれない。

2．「企業内容等開示（ディスクロージャー）制度」に関して、株式の所有者が500人以上のとき、その発行者は、当該株式の所有者が500人以上となった年度を含めて５年間、継続開示義務が課される。

3．有価証券の募集・売出しを行う際は、いかなる場合も内閣総理大臣に届出をしなければならない。

4．金融商品取引法では、金融商品取引業者等が行う広告等の内容について、利益の見込み等について著しく事実に相違する表示又は著しく人を誤認させる表示を禁止している。

5．有価証券報告書の提出後、財政状態及び経営成績に著しい影響を与える事象が発生したときには、発行会社は臨時報告書を内閣総理大臣に提出しなければならない。

解答

[問題87]　2、4　　テ44～45、47

1．○

2．×　有価証券等の売買の取引を誘引する目的をもって、取引所金融市場における有価証券の相場を変動させるべき一連の有価証券の売買の委託をすることは相場操縦であり、何人も行ってはならない。

3．○

4．×　企業による資金調達の便宜を優先させて、このような取引が認められる場合があり、これを安定操作取引という。

5．○

[問題88]　4、5　　テ24、50～51、53

1．×　「企業内容等開示（ディスクロージャー）制度」が適用される有価証券には、投資信託の受益証券は含まれる。

2．×　株式の所有者が300名以上の場合に開示義務が発生する。

3．×　国債、地方債は、届出義務はない。また、私募・私売出しに該当すれば届出は必要ない。

4．○

5．○

問題

［問題89］ □□□□

次の文章のうち、正しいものの番号を２つマークしなさい。

1．有価証券の発行者は、有価証券の募集・売出しを行う場合は、いかなる場合も当該募集又は売出しに関する届出書を内閣総理大臣（金融庁長官）に提出しなければならない。
2．投資信託の受益証券は、企業内容等開示制度の対象となる。
3．有価証券報告書は、有価証券の募集若しくは売出しに際し、内閣総理大臣（金融庁長官）に提出するものであり、当該募集又は売出しに関する情報が記載された勧誘文書である。
4．企業内容等開示制度に関して、上場会社等以外で株式の所有者が500人以上のとき、その発行者は、当該株式の所有者が500人以上となった年度を含めて３年間、継続開示義務が課される。
5．有価証券報告書の提出を義務付けられている会社は、財政状態・経営成績に著しい影響を与える事象が生じたときは、臨時報告書を内閣総理大臣（金融庁長官）に提出しなければならない。

［問題90］ □□□□

次の文章のうち、「株券等の大量保有の状況に関する開示制度（いわゆる５％ルール）」に関する記述として、正しいものの番号を２つマークしなさい。

1．株券等の大量保有の状況に関する開示制度において、大量保有報告書の提出は、発行済株式総数等の５％超の株券等を実質的に保有する者に義務付けられている。
2．大量保有報告書は、大量保有者となった日から10日（日曜日その他法令で定める休日の日数は算入しない）以内に内閣総理大臣に提出しなければならない。
3．株券等の大量保有の状況に関する開示制度（いわゆる５％ルール）において、提出された大量保有報告書は10年間公衆の縦覧に供される。
4．株券等の大量保有の状況に関する開示制度において一度大量保有報告書を提出している場合は、その後に当該株式等保有割合の５％以上の増減等がなければ、変更について報告する必要はない。
5．証券会社、投資運用会社、銀行、信託銀行等に認められている特例報告制度は、株券等保有割合が10％を超えると利用できない。

解答

[問題89]　2、5　　テ50〜51、53

1．× 原則として有価証券届出書の提出義務があるが、国債や地方債などは不要とされている。

2．○

3．× 有価証券報告書は、事業年度経過後３ヵ月以内に作成する企業情報の外部への開示資料である。

4．× 上場会社等以外で株式の所有者が300人以上のとき、その発行者は、当該株式の所有者が300人以上となった年度を含めて５年間、継続開示義務が課される。

5．○

[問題90]　1、5　　テ56〜57

1．○

2．× 大量保有者となった日から５日以内に内閣総理大臣に提出しなければならない。

3．× 提出された大量保有報告書は、５年間公衆の縦覧に供される。

4．× 株券等の大量保有の状況に関する開示制度（いわゆる５％ルール）において、報告義務者は、一度大量保有報告書を提出していても、その後に当該株式等保有割合の１％以上の増減等、重要な事項につき変更が生じた場合には５日以内に報告（変更報告書を提出）することとされている。

5．○

3 金融商品の勧誘・販売に関係する法律

○×問題 以下について、正しければ○を、正しくなければ×をつけなさい。

[問題1] □□□□

金融サービスの提供に関する法律では、説明義務違反により顧客に損害が生じた場合の損害賠償責任及び損害額の推定等について規定されている。

[問題2] □□□□

金融サービスの提供に関する法律において、「金融商品の販売」とは、預金等の受入を内容とする契約、有価証券を取得させる行為、市場・店頭デリバティブ取引などを指す。

[問題3] □□□□

金融サービスの提供に関する法律において、金融商品販売業者等は、金融商品の販売等を業として行うときは、金融商品の販売が行われるまでの間に、原則として顧客に重要事項の説明をしなければならない。

[問題4] □□□□

金融サービスの提供に関する法律において、説明すべき重要事項の説明を行わなかった場合に損失が生じた場合には、損害賠償責任が生じる。

[問題5] □□□□

金融サービスの提供に関する法律において、損害賠償責任が生じた場合、損害額は元本欠損額と推定される。

[問題6] □□□□

金融サービスの提供に関する法律における勧誘の方針には、勧誘の方法及び時間帯に関し勧誘の対象となる者への配慮すべき事項がある。

[問題7] □□□□

金融サービスの提供に関する法律において、「金融サービス仲介業」とは、預金等媒介業務、保険媒介業務、有価証券等仲介業務又は貸金業貸付媒介業務のいずれかを業として行うことをいう。

解答

【問題1】 ○ テ62

そのほか金融商品を販売する際の顧客に対する説明義務、その他の金融商品の販売等に関する事項及び金融サービス仲介業を行う者の登録制度、その業務の健全かつ適切な運営の確保について規定されている。

【問題2】 ○ テ62

【問題3】 ○ テ62

なお、重要事項の説明は、書面の交付による方法でも可能だが、顧客の知識、経験、財産の状況及び当該金融商品の販売に係る契約を締結する目的に照らして、当該顧客に理解されるために必要な方法及び程度によるものでなければならない。

【問題4】 ○ テ62〜63

【問題5】 ○ テ63

【問題6】 ○ テ63

【問題7】 ○ テ64

問題

【問題8】 □□□□

消費者契約法において、断定的判断を提供することにより、消費者が提供された断定的判断の内容が確実であると誤認した場合、契約を取り消すことができる。

【問題9】 □□□□

消費者契約法により契約の取消しができるのは、重要事項の不実告知、断定的判断の提供、不利益事実の故意又は重大過失による不告知、不退去及び退去妨害などである。

【問題10】 □□□□

消費者契約法において、原則として取消権は､追認できる時から１年間行使しないとき､又は消費者契約時から５年を経過したときに消滅する。

【問題11】 □□□□

「仮名加工情報」とは、個人情報に含まれる記述等の一部を削除又は置換したり、個人情報に含まれる個人識別符号の全部を削除又は置換する措置を講じて他の情報と照合しない限り特定の個人を識別することができないように個人情報を加工して得られる個人に関する情報をいう。

【問題12】 □□□□

個人情報の保護に関する法律において、個人情報とは、生存する個人の情報であって、氏名、生年月日その他の記述等により特定の個人を識別できるもの又は個人識別符号が含まれるものをいうが、情報それ自体からは特定の個人を識別できないが、他の情報と容易に照合することができ、それにより特定の個人を識別することができる場合には、当該情報は個人情報に該当する。

【問題13】 □□□□

個人情報の保護に関する法律における個人情報取扱事業者は、個人情報を取り扱うに当たっては、その利用目的をできる限り特定しなければならない。

【問題14】 □□□□

個人情報の保護に関する法律においては、法令に基づく場合などを除いて、あらかじめ本人の同意を得ないで、個人データを第三者に提供してはならない。

解答

[問題8]　○　テ65

[問題9]　○　テ65～66

また、過量取引・同種契約による過量取引があった場合などもこれに該当する。

[問題10]　○　テ66

なお、霊感等を用いた告知に係る取消については、それぞれ3年間、5年間である。

[問題11]　○　テ68

[問題12]　○　テ68

[問題13]　○　テ69

また、あらかじめ本人の同意を得ないで、利用目的の達成に必要な範囲を超えて、個人情報を取り扱ってはならない。

[問題14]　○　テ69

問題

[問題15] □ □ □ □

個人情報取扱事業者からデータを委託され、当該データを受け取った者は、第三者に該当しない。

[問題16] □ □ □ □

法人の代表者の情報は、個人情報に該当しない。

[問題17] □ □ □ □

犯罪による収益の移転防止に関する法律において、金融商品取引業者は、顧客に有価証券を取得させることを内容とする契約を締結する際は、最初に顧客について本人特定事項等の取引時確認を行わなければならない。

[問題18] □ □ □ □

取引時確認義務における本人特定事項とは、自然人の場合、氏名、住居及び生年月日である。

[問題19] □ □ □ □

取引時確認義務において、取引を行う目的は、必ずしも確認しなければならない事項ではない。

[問題20] □ □ □ □

犯罪による収益の移転防止に関する法律において、取引時確認を行う際の本人確認書類のうち、有効期限のないものについては、金融商品取引業者が提示又は送付を受ける日の前６ヵ月以内に作成されたものに限られる。

[問題21] □ □ □ □

協会員は、取引時確認を行った場合は、直ちに確認記録を作成し、当該取引に係る取引最終日から７年間保存しなければならない。

[問題22] □ □ □ □

顧客から受け取った財産が犯罪による収益である疑いがあり、又は顧客が犯罪収益の取得や処分について事実を仮装したり、犯罪収益を隠匿している疑いがあると認められる場合には、速やかに行政庁に対して疑わしい取引の届出を行わなければならない。

[問題23] □ □ □ □

疑わしい取引の届出を行おうとすること又は行ったことを、当該疑わしい取引の届出にかかる顧客又はその関係者に漏らしてはならない。

解答

[問題15]　○　テ70

[問題16]　×　テ70

法人の代表者個人や取引担当者個人の氏名、住所、性別、生年月日、容貌の画像等個人を識別することができる情報は、個人情報に該当する。

[問題17]　○　テ71

[問題18]　○　テ71

[問題19]　×　テ71

取引を行う目的も確認事項の１つである。

[問題20]　○　テ72

[問題21]　○　テ72

また、協会員は、特定取引を行った場合は、直ちに取引記録を作成し、当該取引が行われた日から７年間保存しなければならない。

[問題22]　○　テ72

[問題23]　○　テ72

4 経済・金融・財政の常識

○×問題 以下について、正しければ○を、正しくなければ×をつけなさい。

【問題1】 □ □ □ □

GDP（国内総生産）は、生産、分配、支出の３つの側面があり「三面等価の原則」が成り立っている。

【問題2】 □ □ □ □

GDP（国内総生産）において、日本企業の海外支店は、「国内」に含まれない。

【問題3】 □ □ □ □

景気循環とは、株価が上昇又は下降の波を交互に繰り返すことによって好景気になる見方をいう。

【問題4】 □ □ □ □

東証株価指数は、景気動向指数の採用系列のうち、一致系列に分類される。

【問題5】 □ □ □ □

有効求人倍率は、景気動向指数のうち一致系列の１つとして採用されている。

【問題6】 □ □ □ □

景気動向指数の採用系列のうち、完全失業率及び常用雇用指数は、景気の動きに一致して動く傾向にある。

【問題7】 □ □ □ □

景気動向指数のうち、CIは各採用系列の変化率を合成することで作成された指標で、景気の方向感だけではなく、景気の量感（テンポ）を知ることができる。

【問題8】 □ □ □ □

消費性向とは、可処分所得に対する消費支出の割合のことをいう。

【問題9】 □ □ □ □

消費関連指数のうち「家計貯蓄率」は、家計貯蓄を可処分所得で除して求められる。

解答

【問題1】 ○ テ76

【問題2】 ○ テ76

【問題3】 × テ77

景気循環とは、経済状況を好・不況の波を交互に繰り返す動きとしてとらえる見方のことである。

【問題4】 × テ77

東証株価指数は、景気動向指数の採用系列のうち、先行系列に分類される。

【問題5】 ○ テ77

その他一致系列には、耐久消費財出荷指数、生産指数（鉱工業）等が採用されている。

【問題6】 × テ77～78

完全失業率及び常用雇用指数は、景気の動きに遅行して動く傾向にある（遅行系列に分類される）。

【問題7】 ○ テ77

【問題8】 ○ テ78

【問題9】 ○ テ78

問題

[問題10] □□□□

完全失業率は、労働力人口に占める完全失業者の割合をいう。

[問題11] □□□□

労働力人口とは、就業者数に完全失業者数を加えたものであり、15歳以上の人のうち、働く意思をもっている者の人口をいう。

[問題12] □□□□

有効求人倍率は、景気が良い時は低下、景気が悪い時は上昇する。

[問題13] □□□□

有効求人倍率が１を上回るということは、仕事が見つからない人が多く、逆に１を下回るということは、求人が見つからない企業が多いことを意味する。

[問題14] □□□□

雇用関連指標のうち、「労働力人口比率」は、労働力人口を15歳以上人口で除して求められる。

[問題15] □□□□

雇用関連指標のうち、「有効求人倍率」は、有効求人数を有効求職者数で除して求められる。

[問題16] □□□□

「消費者物価指数（CPI)」には、直接税や社会保険料等の非消費支出、土地や住宅等の価格が含まれる。

[問題17] □□□□

物価関連指標のうち、「GDPデフレーター」は、実質GDPを名目GDPで除して求められる。

[問題18] □□□□

国際収支統計（IMF方式）は、「経常収支」、「金融収支」及び「資本移転等収支」の３項目から構成されている。

解答

[問題10] ○ テ77～78

なお、完全失業率は、常用雇用指数とともに、景気の動きに遅行する。

[問題11] ○ テ78～79

なお、15歳以上65歳未満の人口を生産年齢人口という。

[問題12] × テ78

有効求人倍率は、景気が良い時は上昇、景気が悪い時は低下する。

[問題13] × テ78

有効求人倍率が1を上回るということは、求人が見つからない企業が多く、逆に1を下回るということは、仕事が見つからない人が多いことを意味する。

[問題14] ○ テ78～79

[問題15] ○ テ78～79

$$有効求人倍率=\frac{有効求人数}{有効求職者数}（倍）$$

[問題16] × テ79

「消費者物価指数」には、直接税や社会保険料等の非消費支出、土地や住宅等の価格は含まれない。

[問題17] × テ79

「GDPデフレーター」は、名目GDPを実質GDPで除して求められる。

[問題18] ○ テ80

問題

【問題19】 □□□□

為替レートとは、外国為替市場において異なる通貨が交換される際の交換比率のことであり、「1ドル150円」といった表示方法を、邦貨建ての為替レートという。

【問題20】 □□□□

ドルの需要が発生するのは、日本から外国に製品を輸出する場合や外国が日本の債券・株式を購入する場合であり、ドルの供給が発生するのは、日本が外国から原材料や製品を輸入する場合や、外国の債券・株式を購入する場合である。

【問題21】 □□□□

通貨には、価値尺度としての機能、交換手段としての機能、及び価値の貯蔵手段としての機能がある。

【問題22】 □□□□

マネーストックとは、国内の民間金融部門が保有する通貨の量のことである。

【問題23】 □□□□

円安になると、輸入物価の上昇からひいては全体的な物価上昇をもたらし、それが金利上昇につながる可能性が高まる。

【問題24】 □□□□

円の対ユーロレートが80円から160円になれば、円のユーロに対する値打ちは2倍になったことになる。

【問題25】 □□□□

日本銀行は、銀行券の独占的発行権を有する「発券銀行」としての機能、市中金融機関を対象に取引を行う「銀行の銀行」としての機能、及び政府の出納業務を行う「政府の銀行」としての機能を有している。

【問題26】 □□□□

金融市場とは、資金の取引が行われる市場であり、1年未満の短期金融市場と1年以上の長期金融市場とに区分される。

解答

［問題19］ ○ テ81

［問題20］ × テ81

ドルの需要が発生するのは、日本が外国から原材料や製品を輸入する場合や、外国の債券・株式を購入する場合であり、ドルの供給が発生するのは、日本が外国へ製品を輸出する場合や、外国の債券・株式を売却する場合である。

［問題21］ ○ テ82

［問題22］ × テ82

マネーストックとは、国内の民間非金融部門（金融機関を除く一般の法人、個人及び地方公共団体等）が保有する通貨の量のことである。国や金融機関が保有する預金等は含まれない。

［問題23］ ○ テ83

［問題24］ × テ83

円の対ユーロレートが80円から160円になれば、円のユーロに対する値打ちは半減したことになる。

［問題25］ ○ テ83

また、実行される金融政策として、公開市場操作、預金準備率操作などがある。

［問題26］ ○ テ83

問題

［問題27］ □□□□

インターバンク市場へは、金融機関をはじめ、一般事業法人などの非金融機関も参加することができ、主に金融機関の資金運用・調達の場として利用されている。

［問題28］ □□□□

コール市場における「無担保コール翌日物」は、金融機関相互の取引に利用される。

［問題29］ □□□□

コール市場で取引される翌日物（オーバーナイト物）の仲介は、金融商品仲介業者が行っている。

［問題30］ □□□□

基準割引率及び基準貸付利率とは、金融機関が当座預金について適用する金利をいう。

［問題31］ □□□□

日本銀行の金融政策の目的（目標）には、金利の安定と金融システムの安定がある。

［問題32］ □□□□

日本銀行の金融政策手段としては、①公開市場操作、②預金準備率操作の２つが代表的である。

［問題33］ □□□□

日本銀行の日々の金融調節は、政策委員会が金融政策決定会合で決定した金融市場調節方針に従って、オペレーションによって行われている。

［問題34］ □□□□

預金準備率の引下げと公開市場操作の買いオペレーションは、いずれも短期金利の水準を高めに誘導する際に用いられる金融政策である。

［問題35］ □□□□

参議院が衆議院の可決した予算案を受け取ってから30日以内に議決しない場合には、予算は自然成立する。

解答

[問題27]　×　テ84

インターバンク市場への参加は、金融機関に限られ、金融機関相互の資金運用・調達の場として利用される。

[問題28]　○　テ84

[問題29]　×　テ84

コール市場では、主に短資会社が資金の仲介役として重要な役割を果たしている。

[問題30]　×　テ84

基準割引率及び基準貸付利率とは、日銀の民間金融機関に対する貸出金について適用される基準金利のことである。

[問題31]　×　テ85

日銀の金融政策の目的（目標）には、物価の安定と金融システムの安定の２つがある。

[問題32]　○　テ85

[問題33]　○　テ85

[問題34]　×　テ85

預金準備率の引下げと公開市場操作の買いオペレーションは、いずれも短期金利の水準を低めに誘導する際に用いられる金融政策である。

[問題35]　○　テ86

問題

[問題36] □ □ □ □

衆議院で可決した予算案を参議院が否決した場合、両院協議会が開かれ、両院協議会においても意見が一致しない場合は、参議院の議決が国会の議決となり、予算が成立する。

[問題37] □ □ □ □

国の予算は、一般会計予算と特別会計予算から構成されている。

[問題38] □ □ □ □

国民負担率とは、国民所得に対する租税・社会保障負担の比率である。

[問題39] □ □ □ □

基礎的財政収支対象経費及び一般会計で最も金額の大きな経費は、公共事業関係費である。

[問題40] □ □ □ □

財政投融資とは、税負担に拠ることなく、財投債（国債）の発行などにより調達した資金を財源とした投資活動である。

[問題41] □ □ □ □

公共財とは、防衛、警察、司法など政府が供給したほうが望ましい財・サービスをいう。

[問題42] □ □ □ □

プライマリーバランスとは、公債金収入を含む収入と利払費及び債務償還費を加えた支出との収支のことをいう。

解答

[問題36]　×　テ86

予算案は、参議院が衆議院と異なった議決をしたときは、衆議院の議決が優先される。なお、参議院が衆議院の可決した予算案を受け取ってから30日以内に議決しない場合には、予算は自然成立する。

[問題37]　○　テ86

[問題38]　○　テ86

[問題39]　×　テ86

最も大きな経費は、社会保障関係費である。なお、基礎的財政収支対象経費とは、一般会計の歳出から国債費を除いたもので、従来の一般歳出と地方交付税交付金を合わせたものである。

[問題40]　○　テ87

[問題41]　○　テ87

[問題42]　×　テ88

プライマリーバランスとは、公債金収入以外の収入と利払費及び債務償還費を除いた支出との収支のことをいう。

問題

選択問題

[問題43] □ □ □ □

次の文章のうち、正しいものの番号を2つマークしなさい。

1．景気動向指数において、東証株価指数は、一致系列に含まれる。
2．消費者物価指数（CPI）には、直接税や社会保険料等の非消費支出、土地や住宅等の価格が含まれる。
3．有効求人倍率は、景気が良い時は低下、景気が悪い時は上昇する。
4．日本銀行の日々の金融調節は、日本銀行政策委員会が金融政策決定会合で決定した金融市場調節方針に従って、オペレーションによって行われる。
5．国内総生産（GDP）は、生産・分配・支出の側面があり、三面等価の原則が成立する。

[問題44] □ □ □ □

次の文章のうち、正しいものの番号を2つマークしなさい。

1．国内総生産は、生産、分配及び支出の3つの側面があり、「三面等価の原則」が成り立っている。
2．コール市場における「無担保コール翌日物」は、金融機関相互の取引に利用される。
3．ドルの需要が発生するのは、日本から外国に製品を輸出する場合や、外国が日本の債券を売却する場合であり、ドルの供給が発生するのは、日本が外国から原材料や製品を輸入する場合や、外国の債券を購入する場合である。
4．基準割引率及び基準貸付利率とは、金融機関が当座預金について適用する金利をいう。
5．プライマリーバランスとは、公債金収入を含む収入と利払費及び債務償還費を含めた支出との収支のことをいう。

解答

[問題43]　4、5　　テ76〜79、85

1．×　東証株価指数は、先行系列に含まれる。

2．×　CPIには、直接税や社会保険料等の非消費支出、土地や住宅等の価格は含まれない。

3．×　有効求人倍率は、景気が良い時は上昇、景気が悪い時は低下する。

4．○

5．○

[問題44]　1、2　　テ76、81、84、88

1．○

2．○

3．×　ドルの需要が発生するのは、日本が外国から原材料や製品を輸入する場合や、外国の債券・株式を購入する場合であり、ドルの供給が発生するのは、外国が日本から製品を輸入する場合や、日本の債券・株式を購入する場合である。

4．×　基準割引率及び基準貸付利率は、日銀の民間金融機関に対する貸出金に適用される金利である。

5．×　プライマリーバランスとは、公債金収入以外の収入と利払費及び債務償還費を除いた支出との収支のことをいう。

問題

[問題45] □□□□

次の文章のうち、正しいものの番号を２つマークしなさい。

1．有効求人倍率は、有効求人数に有効求職者数を乗じて求められる。
2．家計貯蓄率は、可処分所得を家計貯蓄で除して求められる。
3．日本銀行が行う公開市場操作では、国庫短期証券は対象となるが、株式は対象とならない。
4．インフレーションが進行すると貨幣価値は、実物資産の価値に比べて、相対的に上昇する。
5．日本銀行は、銀行券の独占的発行権を有する「発券銀行」としての機能、市中金融機関を対象に取引を行う「銀行の銀行」としての機能、及び政府の出納業務を行う「政府の銀行」としての機能を有している。

[問題46] □□□□

次の文章のうち、誤っているものの番号を２つマークしなさい。

1．GDPデフレーターは、名目GDPを実質GDPで除して求める。
2．消費者物価指数（CPI）は、家計が購入する各種の消費財やサービスの小売り価格を基に算出し、その算出には土地や住宅等のストック価格も含まれる。
3．一般的にインフレーションが進行すると、通貨の価値は、実物資産の価値に比べて相対的に上昇する。
4．消費性向とは、可処分所得に対する消費支出の割合のことをいう。
5．コール市場における「無担保コール翌日物」は、金融機関相互の取引に利用される。

解答

[問題45]　3、5　テ78～79、83、85

1．×　有効求人倍率は、有効求人数を有効求職者数で除して求められる。

2．×　家計貯蓄率は、家計貯蓄を可処分所得で除して求められる。

3．○

4．×　インフレーションが進行すると貨幣価値は、実物資産の価値に比べて、相対的に下落する。

5．○

[問題46]　2、3　テ78～79、83～84

1．○

2．×　消費者物価指数（CPI）には、税や社会保険料等の非消費支出、土地や住宅等のストック価格は含まれない。

3．×　一般的にインフレーションが進行すると、通貨の価値は、実物資産の価値に比べて相対的に下落する。

4．○

5．○

5 セールス業務

○×問題 以下について、正しければ○を、正しくなければ×をつけなさい。

[問題1] □□□□

外務員には、高い法令遵守意識や職業倫理と自己規律を持って業務に当たっていくという姿勢が求められる。

[問題2] □□□□

外務員は、刻々と変化する市場の様々な情報を的確に分析し、投資家に対して有用なアドバイスができるように自己研鑽に励む必要がある。

[問題3] □□□□

外務員は、顧客に商品を勧めた時、顧客のニーズに合っていなくても、自分の勧めた商品の有効性、有益性を強く訴える必要がある。

[問題4] □□□□

外務員が、不正又は不適切な行為を行うことは、当該行為者本人のみに損失をもたらすだけでなく、当該外務員の所属する会社や業界全体あるいは資本市場自体の信頼を大きく傷つける可能性があることを常に意識しなければならない。

[問題5] □□□□

顧客と金融商品取引業者等との間には大きな情報格差があるため、投資の最終決定は外務員が行うべきである。

[問題6] □□□□

インサイダー取引、相場操縦などの行為を行った場合には、刑事訴追をされたうえ、厳しい刑事罰が科される。

[問題7] □□□□

外務員は、法令等違反についてはすぐには報告せず、大事に至りそうな場合は、上司や法務部等の専門部署に報告する。

[問題8] □□□□

協会員は、日本証券業協会が示すモデル倫理コードの内容を含むそれぞれの協会員が定める倫理コードを保有することとされているが、協会員の倫理体制が整っている場合であれば、倫理コードを保有しなくてもよい。

解答

[問題1]　○　テ92

[問題2]　○　テ92

[問題3]　×　テ92

外務員は、顧客のニーズに合った商品を選定し、顧客の納得のうえで実際に購入してもらう必要がある。

[問題4]　○　テ93

[問題5]　×　テ93

顧客と金融商品取引業者等との間には大きな情報格差があるため、それらを是正し、顧客が適切かつ十分な情報を得たうえで、顧客自らの判断に基づいて投資を行うべきであることを理解する。

[問題6]　○　テ93

[問題7]　×　テ93

外務員は、法令等違反について発覚した場合には、しかるべき部署や機関に速やかに報告を行う。さらに大きな事故に結び付く危険があることを心得なければならない。

[問題8]　×　テ94

協会員は、必ず倫理コードを保有しなくてはならない。

問題

［問題9］ □□□□

協会員は、保有する倫理コードについては、日本証券業協会に提出しなければならないが、その内容を変更した場合には、届け出る必要はない。

［問題10］ □□□□

協会員が保有する倫理コードに関して、協会員の役職員は、業務に関し生ずる利益相反を適切に管理しなければならない。また、地位や権限、業務を通じて知り得た情報等を用いて、不正な利益を得ることはしない。

［問題11］ □□□□

協会員が保有する倫理コードに関して、協会員の役職員は、法定開示情報など、情報開示に関する規定によって開示が認められる情報を除き、業務上知り得た情報の管理に細心の注意を払い、機密として保護する。

［問題12］ □□□□

外務員は、顧客の知識・経験の程度、財産の状況、投資目的、資金性格等に適合した銘柄、数量及び頻度に留意して投資勧誘を行う必要がある。

［問題13］ □□□□

協会員が保有する倫理コードに関して、協会員の役職員は、投資に関する顧客の知識、経験、財産、目的などを十分に把握し、これらに照らした上で、常に業者にとって最善となる利益を考慮して行動する。

［問題14］ □□□□

協会員が保有する倫理コードに関して、協会員の役職員は、顧客に対して投資に関する助言行為を行う場合、中立的立場から自己の見解のみを事実として説明した上で、専門的な能力を活かし助言をする。

［問題15］ □□□□

協会員が保有する倫理コードに関して、協会員の役職員は、顧客に対して投資に関する助言行為を行う場合、関連する法令や規則等のもとで、投資によってもたらされる価値に影響を与えることが予想される内部情報等の公開されていない情報を基に、顧客に対して助言行為を行うことはしない。

解答

[問題9]　×　テ94

保有する倫理コードについては、日本証券業協会に提出しなければならないが、その内容を変更した場合にも、日本証券業協会に提出することとされている。

[問題10]　○　テ95

(利益相反の適切な管理)

[問題11]　○　テ95

(守秘義務の遵守と情報の管理)

[問題12]　○　テ96

(顧客利益を重視した行動)

[問題13]　×　テ96

常に顧客にとって最善となる利益を考慮して行動する。(顧客利益を重視した行動)

[問題14]　×　テ96

中立的立場から、事実と見解を明確に区別した上で、専門的な能力を活かし助言をする。(顧客に対する助言行為)

[問題15]　○　テ96

(顧客に対する助言行為)

問題

[問題16] □□□□

日本証券業協会が示すモデル倫理コードの「資本市場における行為」では、「法令や規則等に定めのないものであっても、社会通念や市場仲介者として求められるものに照らして疑義を生じる可能性のある行為については、外務員の判断のみで、その是非について判断する」と掲げている。

[問題17] □□□□

外務員は、高い倫理観をもって営業活動に当たらなければならない。

[問題18] □□□□

投資経験の浅い顧客であったので、外務員が投資の最終決定を行った。

[問題19] □□□□

外務員は、顧客にとって最適であると確信してハイ・リターンの商品を勧めたが、当該顧客は確定利付商品を選択した。この場合、外務員は、顧客の選択にかかわらず、最適だと思う商品を勧めなければならない。

[問題20] □□□□

外務員は、投資家に対して投資アドバイスを行う際は、合理的な根拠に基づいて十分な説明を行う必要があり、また、投資家の誤解を招かないためにも、その説明内容や資料は正確でなければならない。

[問題21] □□□□

顧客がその投資方針や投資目的、資産や収入などに照らして明らかに不適切な投資を行おうとした場合、外務員は顧客に対して再考を促すよう適切なアドバイスを与えることが求められる。

[問題22] □□□□

新興国通貨建債券は、相対的に金利が高い傾向にあるが、円と外貨を交換する際のスプレッドが大きく、円貨での償還金額等が目減りすることがある。

[問題23] □□□□

「顧客本位の業務運営に関する原則」では、各金融機関の置かれた状況に応じて、形式ではなく実質において顧客本位の業務運営が実現できるよう「プリンシプルベース・アプローチ」が採用されている。

解答

[問題16]　×　　テ96

自社の倫理コードと照らし、その是非について判断する。

[問題17]　○　　テ97

[問題18]　×　　テ97

投資家に対するアドバイスは適切に行わなければならないが、投資の最終決定はあくまで投資家自身の判断と責任に基づいて行われるべきものである。

[問題19]　×　　テ97

投資の最終決定は、あくまでも投資家自身の判断と責任に基づいて行われるべきものである。

[問題20]　○　　テ97

[問題21]　○　　テ98

[問題22]　○　　テ100

[問題23]　○　　テ102

問題

選択問題

[問題24] □□□□

次の文章のうち、誤っているものの番号を1つマークしなさい。

1. 協会員は、日本証券業協会が示すモデル倫理コードの内容を含むそれぞれの協会員が定める倫理コードを保有することとされているが、協会員の倫理体制が整っている場合であれば、倫理コードを保有しなくてもよい。
2. モデル倫理コードでは、「社会規範及び法令等の遵守」として、「投資者の保護や取引の公正性を確保するための法令や規則等、金融商品取引に関連するあらゆるルールを正しく理解し、これらを厳格に遵守するとともに、一般的な社会規範に則り、法令や規則等が予見していない部分を補う社会常識と倫理感覚を保持し、実行する」と定めている。
3. モデル倫理コードでは、「社会秩序の維持と社会的貢献の実践」として、「良き企業市民として、社会の活動へ積極的に参加し、社会秩序の安定と維持に貢献する。反社会的な活動を行う勢力や団体等に毅然たる態度で対応し、これらとの取引を一切行わない」と定めている。
4. モデル倫理コードでは、「顧客に対する助言行為」として、「顧客に対して投資に関する助言行為を行う場合、中立的立場から、事実と見解を明確に区別した上で、専門的な能力を活かし助言をする。関連する法令や規則等のもとで、投資によってもたらされる価値に影響を与えることが予想される内部情報等の公開されていない情報を基に、顧客に対して助言行為を行うことはしない」と定めている。
5. モデル倫理コードでは、「社会的使命の自覚と資本市場の健全性及び信頼性の維持、向上」として、「資本市場に関する公正性及び健全性について正しく理解し、資本市場の健全な発展を妨げる行為をしない。また、資本市場の健全性維持を通して、果たすべき社会的使命を自覚して行動する。適正な情報開示を損なったり、公正な価格形成を歪めることにつながる行為に関与する等、協会員に対する信頼を失墜させ、あるいは資本市場の健全性を損ないかねない不適切な行為をしない」と定めている。

解答

[問題24]　1　　テ94〜97

1．× 協会員は、有価証券の売買その他の取引等について、協会が別に示すモデル倫理コードの内容を含む倫理規範又はそれと同趣旨の規定（倫理コード）を保有しなければならない。

2．○

3．○

4．○

5．○

問題

[問題25] □□□□

次の文章のうち、誤っているものの番号を2つマークしなさい。

1．投資経験の浅い顧客であったので、外務員が投資の最終決定を行った。
2．外務員は、単に不正又は不適切な行為をしないというだけでなく、リスクや不正を排除するため積極的に行動する姿勢が強く要求される。
3．顧客に対し、能動的にコミュニケーションをとって、当該顧客の事情を探ったうえで、顧客の投資ニーズに合うと判断した商品の勧誘を行った。
4．外務員は、自社の利益のため法令、諸規則に違反する可能性があっても、確実に違反でなければ積極的に行動すべきである。
5．顧客にとって最適であると確信してハイ・リターンの商品を勧めたが、当該顧客は確定利付商品を選択したことから、最終的に顧客の意向に従った。

[問題26] □□□□

次の文章のうち、誤っているものの番号を1つマークしなさい。

1．「顧客本位の業務運営に関する原則」では、各金融機関の置かれた状況に応じて、形式ではなく実質において顧客本位の業務運営が実現できるよう「プリンシプルベース・アプローチ」が採用されている。
2．金融事業者が「顧客本位の業務運営に関する原則」を採択する場合は、顧客本位の業務運営を実現するための明確な方針を策定し、公表しなければならない。
3．金融事業者が「顧客本位の業務運営に関する原則」を実施しない場合は、別段対応の必要はない。
4．金融庁の「顧客本位の業務運営に関する原則」では、「重要な情報のわかりやすい提供」が求められている。
5．金融庁の「顧客本位の業務運営に関する原則」では、「顧客にふさわしいサービスの提供」が求められている。

解答

[問題25]　1、4　テ92～93、97

1．×　証券投資を最終的に決定するのはあくまで投資者自身であり、外務員が決定することがあってはならない。

2．○

3．○

4．×　外務員は、たとえルールがなくても不適切な行為をしないという姿勢が必要である。

5．○

[問題26]　3　テ102～103

1．○

2．○

3．×　金融事業者が「顧客本位の業務運営に関する原則」を実施しない場合は、それを実施しない理由や代替案を十分に説明することが求められる。

4．○

5．○

6 協会定款・諸規則

○×問題 以下について、正しければ○を、正しくなければ×をつけなさい。

【問題1】 □□□□

協会員は、顧客の投資経験、投資目的、資力等を十分に把握し、顧客の意向と実情に適合した投資勧誘を行うよう努めなければならない。

【問題2】 □□□□

協会員は、当該協会員にとって新たな有価証券等（有価証券、有価証券関連デリバティブ取引等）の販売を行うに当たっては、当該有価証券等の特性やリスクについて十分に把握し、当該有価証券等に適合する顧客が想定できないものは、販売してはならない。

【問題3】 □□□□

協会員は、投資勧誘に当たっては、顧客に対し、投資は投資者自身の判断と責任において行うべきものであることを理解させる必要がある。

【問題4】 □□□□

顧客カードの記載事項には、「投資目的」、「資産の状況」、「投資経験の有無」が含まれる。

【問題5】 □□□□

協会員は、有価証券の売買その他の取引等を行う顧客について顧客カードを備え付けるものとされているが、「勤続年数」、「本籍地」、「学歴」が記載事項に含まれる。

【問題6】 □□□□

協会員は、顧客に関する情報を漏えいしてはならない。

【問題7】 □□□□

協会員は、株式投資信託の取引について、取引開始基準を定め、当該基準に適合した顧客から取引を受託しなければならない。

【問題8】 □□□□

協会員は、顧客に対し、主観的又は恣意的な情報提供となる特定銘柄の有価証券又は有価証券の売買に係るオプションの一律集中的推奨をしてはならない。

解答

[問題1]　○　テ107

いわゆる「適合性の原則」の記述である。

[問題2]　○　テ107

[問題3]　○　テ107

いわゆる「自己責任原則の徹底」の記述である。

[問題4]　○　テ108

その他、「取引の種類」などがある。

[問題5]　×　テ108

勤続年数、本籍地、学歴は記載事項に含まれない。

[問題6]　○　テ108

[問題7]　×　テ109

投資信託のほか、上場株式及び債券の取引を行うに際して、取引開始基準を定める必要はない。

[問題8]　○　テ111

問題

[問題9] □□□□

金融商品取引業者は、仮名取引であることを知りながら、顧客から有価証券その他の取引等の注文を受けてはならない。

[問題10] □□□□

会員は、顧客の株券の名義書換えの請求に際し、自社の名義を貸与しなければならない。

[問題11] □□□□

協会員は、上場会社等の特定有価証券等に係る売買等を初めて行う顧客が、当該上場会社等の役員等に該当する場合、顧客カードを備え付けなければならない。

[問題12] □□□□

内部者登録カードへの記載事項に、「家族構成及び続柄」がある。

[問題13] □□□□

内部者登録カードの記載事項に、会社名、役職名及び所属部署が含まれる。

[問題14] □□□□

協会員は、新規顧客、大口取引顧客等からの注文に際しては、あらかじめ当該顧客から買付代金又は売付有価証券の全部の預託を受ける等、取引の安全性の確保に努めなければならない。

[問題15] □□□□

協会員は、有価証券の売買その他の取引等を行う場合、顧客の注文に係る取引と自己の計算による取引とを峻別し、顧客の注文に係る伝票を速やかに作成のうえ、整理・保存しなければならない。

[問題16] □□□□

協会員は、顧客の注文に係る取引の適正な管理に資するため、打刻機の適正な運用及び管理、コンピュータの不適正な運用の排除等を定めた社内規則を整備しなければならない。

[問題17] □□□□

会員は、顧客の有価証券の売買その他の取引等に関連し、顧客の資金又は有価証券の借入れにつき行う保証、あっせん等の便宜の供与は行ってはならない。

解答

[問題9]　○　テ112

[問題10]　×　テ112

会員は、いかなる顧客に対しても、株券の名義書換えの請求に際し、自社の名義を貸与してはならない。

[問題11]　×　テ112

内部者登録カードを備え付けなければならない。

[問題12]　×　テ112

内部者登録カードへの記載事項に、「家族構成及び続柄」はない。

[問題13]　○　テ112

なお、銘柄コードも記載事項に含まれる。

[問題14]　×　テ113

協会員は、あらかじめ当該顧客から買付代金又は売付有価証券の全部又は一部の預託を受ける等、取引の安全性の確保に努めなければならない。

[問題15]　○　テ113

[問題16]　○　テ113

[問題17]　×　テ113

会員は、顧客の有価証券の売買その他の取引等に関連し、顧客の資金又は有価証券の借入れにつき行う保証、あっせん等の便宜の供与については、顧客の取引金額その他に照らして過度にならないよう、適正な管理を行わなければならない。

問題

[問題18] □□□□

協会員は、顧客から保管の委託を受けている又は振替口座簿への記載若しくは記録により管理している投資信託等について、顧客に当該投資信託等に係る損益（トータルリターン）を通知する必要はない。

[問題19] □□□□

協会員は、法人関係部門について、他の部門から物理的に隔離する等、当該法人関係情報が業務上不必要な部門に伝わらないよう管理しなければならない。

[問題20] □□□□

法人関係部門とは、法人関係情報を統括して管理する部門をいう。

[問題21] □□□□

協会員は、抽選償還が行われることのある債券について、顧客から混合寄託契約により寄託を受ける場合は、その取扱い方法についての社内規程を設け、事前にその社内規程について顧客の了承を得る必要がある。

[問題22] □□□□

協会員への有価証券の寄託が、累積投資契約に基づく有価証券の寄託のみである場合には、保護預りに関する契約を締結する必要はない。

[問題23] □□□□

照合通知書の交付は、顧客に対する債権債務の残高について、残高に異動がある都度又は顧客から請求がある都度、行うことになっている。

[問題24] □□□□

照合通知書の記載事項として、立替金、貸付金、預り金又は借入金の直近の残高がある。

[問題25] □□□□

会員は、金銭及び有価証券の残高がない顧客については、照合通知書による報告を行う必要はない。

解答

[問題18]　×　テ114

協会員は、顧客に対し、当該投資信託等に係る損益（トータルリターン）を通知しなければならない。

[問題19]　○　テ115

[問題20]　×　テ115

法人関係部門とは、主として業務（金融商品取引業及びその付随業務又は登録金融機関業務をいう）を行っている部門のうち、主として業務上、法人関係情報を取得する可能性の高い部門をいう。

[問題21]　○　テ117

[問題22]　○　テ117

[問題23]　×　テ118

照合通知書の交付は、顧客に対する債権債務の残高について、顧客の区分に従って、それぞれに定める頻度で行う。

[問題24]　○　テ119

[問題25]　×　テ119

金銭及び有価証券の残高がない顧客の場合であっても、直前に行った報告以後1年に満たない期間においてその残高があったものについては、照合通知書により、現在その残高がない旨を報告しなければならない。

問題

[問題26] □□□□

照合通知書の作成は、会員の検査、監査又は管理の担当部門で行うこととされている。

[問題27] □□□□

照合通知書を顧客に交付するときは、顧客との直接連絡を確保する趣旨から、直接手渡すことを原則としている。

[問題28] □□□□

顧客から金銭、有価証券の残高について照会があったときは、会員の検査、監査又は管理の担当部門がこれを受け付け、営業部門を通じて遅滞なく回答を行わなければならない。

[問題29] □□□□

契約締結時交付書面を顧客に交付するときは、顧客との直接連絡を確保する趣旨から、当該顧客の住所、事務所の所在地又は当該顧客が指定した場所に郵送することを原則としている。

[問題30] □□□□

内部管理責任者は、自らが任命された営業単位における投資勧誘等の営業活動、顧客管理に関し、重大な事案が生じた場合は、速やかにその内容を営業責任者に報告し、その指示を受けなければならない。

[問題31] □□□□

協会員は、原則として、相手方が反社会的勢力であることを知りながら、当該相手方との間で有価証券の売買その他の取引を行ってはならない。

[問題32] □□□□

会員は、初めて有価証券の売買その他の取引等に係る口座を開設しようとする顧客について、あらかじめ、反社会的勢力に該当するか否かを審査するよう努めなければならない。

[問題33] □□□□

協会員が、他の協会員の使用人を自己の従業員として採用することは禁止されており、出向により受け入れることもできない。

解答

[問題26]　○　テ120

[問題27]　×　テ120

照合通知書の交付については、顧客との直接連絡を確保する趣旨から、当該顧客の住所、事務所の所在地又は当該顧客が指定した場所に郵送することを原則としている。

[問題28]　×　テ120

会員の検査、監査又は管理の担当部門が遅滞なく回答しなければならない。

[問題29]　○　テ120

[問題30]　×　テ122

内部管理統括責任者に報告する。

[問題31]　○　テ123

また、相手方が反社会的勢力であることを知りながら、当該相手方への資金の提供その他便宜の提供を行ってはならない。

[問題32]　○　テ123

[問題33]　×　テ124

出向により受け入れる場合等については、採用の禁止の対象外となっている。

問題

[問題34] □□□□

協会員は、その従業員がいかなる名義を用いているかを問わず、自己の計算において、信用取引、有価証券関連デリバティブ取引等又は特定店頭デリバティブ取引等を行うことのないようにしなければならない。

[問題35] □□□□

協会員の従業員は、仮名取引であることを知りながら、顧客から有価証券その他の取引等の注文を受けてはならない。

[問題36] □□□□

「仮名取引」とは、口座名義人とその口座で行われる取引の効果帰属者が一致しない取引のことであり、顧客が架空名義あるいは他人の名義を使用してその取引の法的効果を得ようとする取引のことをいう。

[問題37] □□□□

協会員の従業員は、有価証券の取引について、顧客と損益を共にする場合、あらかじめ当該顧客の承諾を得なければならない。

[問題38] □□□□

協会員の従業員は、顧客から有価証券の売買その他取引等の注文を受けた場合において、当該顧客から書面を受けた場合に限り、自己がその相手方となって有価証券の売買その他の取引を成立させることができる。

[問題39] □□□□

協会員の従業員が行う有価証券の売買等について、顧客の承諾がある場合を除いて、顧客の名義又は住所を使用してはならない。

[問題40] □□□□

協会員の従業員は、顧客から有価証券の名義書換等の手続きの依頼を受けた場合には、所属協会員を通じないでその手続きを行うことができる。

[問題41] □□□□

協会員の従業員は、有価証券の売買その他取引等に関して顧客と金銭、有価証券の貸借を行ってはならない。

[問題42] □□□□

協会員の従業員は、職務上知り得た秘密を漏らしてはならない。

解答

[問題34]　○　テ125

[問題35]　○　テ125

[問題36]　○　テ125

[問題37]　×　テ125

協会員の従業員は、有価証券の取引について、顧客と損益を共にすることを約束して、勧誘し又は実行してはならない。

[問題38]　×　テ126

いかなる場合も従業員のいわゆる呑み行為は、禁止されている。なお、設問の自己とは従業員のことである。

[問題39]　×　テ126

協会員の従業員は、自己の有価証券の売買その他の取引について、いかなる場合も、顧客の名義又は住所を使用してはならない。

[問題40]　×　テ126

所属協会員を通じないで、顧客から依頼を受けた有価証券の名義書換等の手続きを行うことは禁止されている。

[問題41]　○　テ126

有価証券の貸借には、顧客の債務の立替も含まれる。

[問題42]　○　テ126

問題

[問題43] □□□□

協会員の従業員は、広告審査担当者の審査を受けずに、従業員限りで広告等の表示又は景品類の提供を行ってはならない。

[問題44] □□□□

投資信託受益証券等の乗換えを勧誘するに際し、顧客（特定投資家を除く）に対して、当該乗換えに関する重要事項について説明を行わなければならない。

[問題45] □□□□

協会員は、従業員が有価証券等の性質又は取引の条件について、顧客を誤認させるような勧誘をしないように指導及び監督しなければならない。

[問題46] □□□□

協会員は、その従業員が、有価証券の売買その他の取引に係る顧客の注文の執行において、事務処理を誤ることのないように指導、監督しなければならないが、事務処理の誤りが故意ではなく過失によるものであれば、不適切行為には該当しない。

[問題47] □□□□

日本証券業協会は、金融商品取引業の信用への影響が特に著しい行為を行ったと認められる者を一級不都合行為者として、期限を設けずに協会員の従業員としての採用を禁止する。

[問題48] □□□□

一種外務員は、外務員のうち、外務員の職務のすべてを行うことができる者をいう。

[問題49] □□□□

二種外務員は、所属協会員の一種外務員の同行がある場合に限り、信用取引に係る外務行為を行うことができる。

[問題50] □□□□

二種外務員は、選択権付債券売買取引に係る外務員の職務を行うことができる。

解答

[問題43]　○　テ126

[問題44]　○　テ127

[問題45]　○　テ127

[問題46]　×　テ127

有価証券の売買その他の取引に係る顧客の注文の執行において、過失により事務処理を誤ることは、不適切行為に該当する。

[問題47]　○　テ128

なお、不都合行為者のうち、一級不都合行為者以外の者を二級不都合行為者とし、当該取扱いの決定の日から５年間協会員の従業員としての採用を禁止する。

[問題48]　○　テ129

[問題49]　○　テ129

[問題50]　×　テ129

二種外務員は、新株予約権証券、カバードワラント、新投資口予約証券、有価証券関連デリバティブ取引等、選択権付債券売買取引、店頭デリバティブ取引に類する複雑な仕組債、店頭デリバティブ取引に類する複雑な投資信託、レバレッジ投資信託に係る外務員の職務を行うことはできない。

問題

[問題51] □□□□

二種外務員は、店頭デリバティブ取引に類する複雑な仕組債を取り扱うことはできないが、レバレッジ投資信託は取り扱うことができる。

[問題52] □□□□

協会員は、その役員又は従業員のうち、外務員の種類ごとに定める一定の資格を有し、かつ、外務員の登録を受けた者でなければ、外務員の職務を行わせてはならない。

[問題53] □□□□

日本証券業協会は、登録を受けている外務員が金融商品取引法に定める欠格事由に該当したときは、その登録を取り消し、又は期間を定めて外務員の職務を停止する処分を行うことができる。

[問題54] □□□□

日本証券業協会は、外務員の資格に関する処分として、外務員（外務員であった者を含む）が外務員の職務又はこれに付随する業務に関し法令に違反したとき、その他外務員の職務に関して著しく不適当な行為をしたと認められるときは、決定により、当該行為時に所属していた協会員に対し当該外務員につき５年以内の期間を定めて外務員の職務を禁止する措置を講じる。

[問題55] □□□□

協会員は、外務員登録を受けていない者が新たに登録を受けたときは、登録日後180日以内に、日本証券業協会の外務員資格更新研修を受講させなければならない。

[問題56] □□□□

受講義務期間内に外務員資格更新研修を修了しなかった場合でも、外務員資格が取り消されることはない。

[問題57] □□□□

協会員は、登録を受けている外務員について、外務員資格更新研修とは別に、毎年、外務員の資質向上のための社内研修を受講させなければならない。

解答

[問題51]　×　テ129

二種外務員は、店頭デリバティブ取引に類する複雑な仕組債だけでなく、レバレッジ投資信託も取り扱うことができない。

[問題52]　○　テ130

[問題53]　○　テ130

日本証券業協会は、外務員登録の取り消し又は２年以内の期間を定めて、外務員の職務を停止する処分を行うことができる。

[問題54]　○　テ131

[問題55]　○　テ131

[問題56]　×　テ131

受講義務期間に外務員資格更新研修を修了しなかった場合には、外務員資格更新研修を修了するまでの間、すべての外務員の効力が停止し、外務員の職務を行うことができなくなる。また、受講義務期間の最終日の翌日から180日までの間に当該研修を修了しなかった場合には、すべての外務員資格が取り消される。

[問題57]　○　テ131

問題

[問題58] □□□□

協会員は、判断、評価等が入る広告等の表示を行ってはならない。

[問題59] □□□□

協会員は、広告等の表示又は景品類の提供を行うときは、営業責任者に禁止行為に違反する事実がないかどうか審査させなければならない。

[問題60] □□□□

店頭有価証券とは、わが国の法人が国内において発行する取引所金融商品市場に上場されていない株券、新株予約権証券、新株予約権付社債券をいう。

[問題61] □□□□

協会員は、新規公開に際して行う株券の個人顧客への配分に当たっては、すべて抽選により配分先を決定する必要がある。

[問題62] □□□□

協会は、協会員が顧客との間において行う公社債の店頭売買の際に協会員及び顧客の参考に資するため、協会が指定する協会員からの報告に基づき、売買参考統計値を毎営業日発表している。

[問題63] □□□□

協会員は、顧客との間で公社債の店頭取引を行うに当たっては、合理的な方法で算出された時価（社内時価）を基準として取引を行わなければならない。

[問題64] □□□□

協会員は、小口投資家との店頭取引に当たっては、価格情報の提示や公社債店頭取引の知識啓発に十分留意し、より一層取引の公正性に配慮しなければならない。

[問題65] □□□□

協会員は、上場公社債の取引を初めて行う小口投資家に対して、取引所金融商品市場における取引と店頭取引の相違点についての説明等が義務付けられている。

[問題66] □□□□

協会員は、顧客と外国証券の取引に関する契約を締結する場合、あらかじめ各金融商品取引業者が定める様式の外国証券取引口座に関する約款を当該顧客へ交付し、取引口座の設定に係る申込みを受けなければならない。

解答

[問題58]　×　テ132

その根拠を明示すれば、判断、評価等が入る広告等の表示を行うことができる。

[問題59]　×　テ133

協会員は、広告審査担当者を任命し、禁止行為に違反する事実がないか審査させなければならない。

[問題60]　○　テ134

[問題61]　×　テ140

原則として、個人顧客への配分予定数量の10%以上について抽選により配分先を決定する必要がある。

[問題62]　○　テ146、241

[問題63]　○　テ146、240

[問題64]　○　テ146

なお、小口投資家とは、公社債の額面1,000万円未満の取引を行う顧客をいう。

[問題65]　○　テ146

[問題66]　○　テ147

問題

[問題67] □□□□

外国証券取引口座に関する約款とは、顧客の注文に基づく外国証券等の売買の執行、売買代金の決済、証券の保管等について規定したものである。

[問題68] □□□□

協会員は、顧客との外国証券の取引については、公開買付けに対する売付けを取り次ぐ場合を除き、外国証券取引口座に関する約款の条項に従って行わなければならない。

[問題69] □□□□

外国証券については、募集及び売出し等の場合を除き金融商品取引法に基づく企業内容等の開示が行われておらず、投資者の入手し得る情報が限られていることから、協会員は、顧客に対する外国証券の勧誘に際しては、顧客の意向、投資経験、及び資力等に適合した投資が行われるよう十分配慮しなければならない。

[問題70] □□□□

協会員が顧客との間で外国株券等、外国新株予約権証券等及び外国債券の国内店頭取引を行うに当たっては、合理的な方法で算出された時価である社内時価を基準とした適正な価格により取引を行わなければならない。

[問題71] □□□□

金融商品取引業者は、顧客に販売した外国投資信託証券が当該証券について規定された選別基準に適合しないこととなったときは、遅滞なくその旨を当該顧客に通知しなければならないが、その場合、当該顧客から買戻しの取次ぎ又は解約の取次ぎの注文があったときは、これに応じる必要はない。

[問題72] □□□□

協会員が国内公募の引受等を行うことのできる外国株券等は、国内の取引所金融商品市場において取引が行われているもの又は当該市場における取引が予定されているものに限られる。

解答

【問題67】 ○ 〒147

【問題68】 ○ 〒147

約款は、顧客の注文に基づく外国証券の売買等の執行、売買代金の決済、証券の保管、配当・新株予約権その他の権利の処理等について規定されたものであり、顧客との外国証券の取引は、公開買付に対する売付けを取り次ぐ場合を除き、約款の条項に従って行うこととされている。

【問題69】 ○ 〒148

【問題70】 ○ 〒148

【問題71】 × 〒149

金融商品取引業者は、顧客に販売した外国投資信託証券が当該証券について規定された選別基準に適合しないこととなったときは、遅滞なくその旨を当該顧客に通知しなければならないが、その場合、当該顧客から買戻しの取次ぎ又は解約の取次ぎの注文があったときは、これに応じなければならない。

【問題72】 × 〒150

協会員が国内公募の引受等を行うことのできる外国株券等は、適格外国金融商品市場若しくは国内の取引所金融商品市場において取引が行われているもの又は当該市場における取引が予定されているものに限られる。

問題

選択問題

[問題73] □□□□

次の文章のうち、正しいものの番号を２つマークしなさい。

1．協会員は、顧客に対し、投資は金融商品取引業者等の判断と責任において行うべきものであることを理解させる必要がある。
2．協会員は、株式や投資信託などの取引等に当たっては、取引開始基準を定め、その基準に適合した顧客との間で取引の契約を締結するものとされている。
3．協会員は、店頭有価証券については、店頭有価証券規則に規定する場合を除き、顧客に対し投資勧誘を行ってはならない。
4．協会員は、新規顧客、大口取引顧客等からの注文の受託に際しては、取引の安全性の確保のため、あらかじめ当該顧客から買付代金又は売付有価証券の全部の預託を受けなければならないとされている。
5．会員は、顧客が株券の名義書換えを請求するに際し、自社の名義を貸与してはならない。

[問題74] □□□□

次のうち、「内部者登録カード」に記載すべき事項として誤っているものの番号を２つマークしなさい。

1．氏名又は名称
2．住所又は所在地及び連絡先
3．本籍地
4．会社名、役職名及び所属部署
5．資産の状況

解答

[問題73]　3、5　　テ107、109、112～113、135

1．×　投資は、投資者自身の判断と責任において行うべきものである。

2．×　取引開始基準は、「信用取引」、「有価証券関連デリバティブ取引等」、「特定店頭デリバティブ取引等」、「店頭取扱有価証券」などハイリスク・ハイリターンな特質を有する取引等について定めなければならないが、株式や投資信託は対象外である。

3．○

4．×　あらかじめ当該顧客から買付代金または売付有価証券の全部又は一部の預託を受ける等取引の安全性の確保に努めなければならないとされている。

5．○

[問題74]　3、5　　テ112

1．○

2．○

3．×　本籍地は、内部者登録カードの記載事項ではない。

4．○

5．×　資産の状況は、内部者登録カードの記載事項ではない。

問題

[問題75] □□□□

次の文章のうち、誤っているものの番号を２つマークしなさい。

1．会員は、顧客から単純な寄託契約又は混合寄託契約により有価証券の寄託を受ける場合には、当該顧客と保護預り約款に基づく有価証券の寄託に関する契約を締結しなければならない。
2．会員は、顧客から保護預り口座設定申込書の提出があり、その申込みを承諾した場合には、遅滞なく、保護預り口座を設定しなければならないが、その旨を当該顧客に通知する必要はない。
3．会員は、抽選償還が行われることのある債券について、顧客から混合寄託契約により寄託を受ける場合は、その取扱い方法についての社内規程を設け、事前にその社内規程について顧客の了承を得る必要がある。
4．会員は、顧客の保護預り口座を設定した場合は、当該顧客から単純な寄託契約又は混合寄託契約により寄託を受けた有価証券を、すべてその口座により出納保管しなければならない。
5．会員は、累積投資契約に基づく有価証券の寄託を受ける場合には、保護預り約款に基づく有価証券の寄託に関する契約を締結しなければならない。

[問題76] □□□□

次の文章のうち、正しいものの番号を２つマークしなさい。

1．協会員は、従業員として採用しようとする者が、他の協会員の従業員である時又はあったときは、当該者が日本証券業協会から処分を受けているかどうかについて日本証券業協会に照会しなければならない。
2．協会員の従業員は、自己の有価証券の売買その他の取引等において、顧客の承諾がある場合に限り、当該顧客の名義又は住所を使用することができる。
3．口座名義人の配偶者から注文がなされた場合でも、仮名取引として、いかなる場合でも当該注文を受けることはできない。
4．協会員の従業員が、投資信託の受益証券等の乗換えを勧誘するに際し、特定投資家を除く顧客に対して、当該乗換えに関する重要な事項について説明を行わないことは、禁止行為に当たらない。
5．協会員は、従業員が有価証券等の性質又は取引の条件について、顧客を誤認させるような勧誘をしないよう指導及び監督しなければならない。

解答

[問題75]　2、5　　テ116～117

1．○
2．×　会員は、顧客から保護預り口座設定申込書の提出があり、その申込みを承諾した場合には、遅滞なく、保護預り口座を設定し、その旨を当該顧客に通知しなければならない。
3．○
4．○
5．×　会員は、累積投資契約に基づく有価証券の寄託を受ける場合には、保護預り約款に基づく有価証券の寄託に関する契約を締結する必要はない。

[問題76]　1、5　　テ124～127

1．○
2．×　協会員の従業員は、自己の有価証券の売買その他の取引等において、顧客の名義又は住所を使用してはならない。
3．×　口座名義人の配偶者から注文がなされた場合においては、その確認が行われているのであれば、仮名取引ではない蓋然性が高いといえるので、当該注文を受けることができる。
4．×　協会員の従業員が、投資信託の受益証券等の乗換えを勧誘するに際し、特定投資家を除く顧客に対して、当該乗換えに関する重要な事項について説明を行わないことは、禁止行為に当たる。
5．○

問題

[問題77] □□□□

次の外務員の職務のうち、二種外務員が行うことができる職務として、正しいものの番号を１つマークしなさい。

1．新株予約権証券
2．転換社債型新株予約権付社債
3．店頭デリバティブ取引に類する複雑な仕組債
4．店頭デリバティブ取引に類する複雑な投資信託
5．レバレッジ投資信託

[問題78] □□□□

次の文章のうち、誤っているものの番号を２つマークしなさい。

1．二種外務員は、所属協会員の一種外務員の同行がある場合に限り、信用取引に係る外務行為を行うことができる。
2．協会員は、外務員登録を受けていない者が新たに外務員の登録を受けたときは、外務員登録日後180日以内に、協会の外務員資格更新研修を受講させなければならない。
3．日本証券業協会は、金融商品取引業の信用への影響が特に著しい行為を行ったと認められる者を一級不都合行為者として、期限を設けずに協会員の従業員としての採用を禁止する。
4．二種外務員は、新株予約権証券を取り扱うことができる。
5．外務員は、受講期間内に外務員資格更新研修を修了しなかった場合でも、外務員資格が取り消されることはない。

解答

[問題77]　2　　テ129

1．×　新株予約権証券は、二種証券外務員は行うことはできない職務である。

2．○　転換社債型新株予約権付社債は、二種証券外務員は行うことができる職務である。

3．×　店頭デリバティブ取引に類する複雑な仕組債は、二種証券外務員は行うことはできない職務である。

4．×　店頭デリバティブ取引に類する複雑な投資信託は、二種証券外務員は行うことはできない職務である。

5．×　レバレッジ投資信託は、二種証券外務員は行うことはできない職務である。

[問題78]　4、5　　テ128〜129、131

1．○

2．○

3．○　問題文は、不都合行為者制度の記述である。

4．×　二種外務員は、新株予約権証券を取り扱うことができない。

5．×　受講義務期間に外務員資格更新研修を修了しなかった場合には、外務員資格更新研修を修了するまでの間、すべての外務員の効力が停止し、外務員の職務を行うことができなくなる。また、受講義務期間の最終日の翌日から180日までの間に当該研修を修了しなかった場合には、すべての外務員資格が取り消される。

7 取引所定款・諸規則

○×問題 以下について、正しければ○を、正しくなければ×をつけなさい。

［問題1］ □□□□

東京証券取引所の取引参加者は、有価証券の売買を行うことができる総合取引参加者のみである。

［問題2］ □□□□

金融商品取引市場において、国債先物等取引参加者になれるのは、第一種金融商品取引業者のみである。

［問題3］ □□□□

取引参加者は、事故防止等の観点から取引所市場における有価証券の売買等の委託を受けるときは、あらかじめ顧客の住所、氏名その他の事項を調査しなければならない。

［問題4］ □□□□

上場されていない有価証券は、金融商品取引所において売買を行うことはできない。

［問題5］ □□□□

金融商品取引法上の有価証券に約束手形や小切手は含まれない。

［問題6］ □□□□

東京証券取引所の市場区分は、プライム市場、スタンダード市場、グロース市場の3区分である。

［問題7］ □□□□

取引所は、国債証券の場合と同様、地方債証券についても、発行者からの上場申請がなくても上場できることとしている。

［問題8］ □□□□

外国国債の上場については、発行者からの上場申請がなくても上場することができる。

解答

[問題1]　○　テ156

[問題2]　×　テ157

国債先物等取引参加者になれるのは、第一種金融商品取引業者及び登録金融機関である。

[問題3]　○　テ157

[問題4]　○　テ158

[問題5]　○　テ158

[問題6]　○　テ158

[問題7]　×　テ159、162

取引所は、国債証券については、発行者からの上場申請がなくても上場できるが、地方債証券については原則どおり上場申請が必要である。

[問題8]　×　テ159、162

国債証券については、発行者からの上場申請がなくても上場できるが、外国国債など国債証券以外の債券については、基本的には株券等と同様に、発行者からの上場申請主義と内閣総理大臣への届出制をとっている。

問題

［問題9］ □ □ □ □

株券等の上場審査は、株主数、流通株式、事業継続年数、純資産の額、株式の譲渡制限などの形式基準のいずれかに適合するものを対象としている。

［問題10］ □ □ □ □

外国株券等の上場審査については、内国株券等の上場審査制度を基準にして、外国株券等に特有な性質を配慮しつつ行われる。

［問題11］ □ □ □ □

上場株券等が上場廃止基準に該当し上場廃止が決定した場合、取引所は当該銘柄を一定期間整理銘柄に指定し、その売買を行わせることができる。

［問題12］ □ □ □ □

非参加型優先株の上場審査基準は、普通株と全く同じ基準である。

［問題13］ □ □ □ □

上場している普通株について、上場廃止基準に該当することとなった場合には、その発行者が発行する優先株についても同様に上場が廃止される。

［問題14］ □ □ □ □

転換社債型新株予約権付社債券の上場審査基準は、発行者に対する基準と上場申請銘柄に対する基準からなる。

［問題15］ □ □ □ □

取引所の売買立会による売買取引において、上場国債証券の通常取引の売買単位は、額面10万円である。

［問題16］ □ □ □ □

取引所市場における売買立会による売買は、時間優先の原則、価格優先の原則があるが、時間優先の原則が、価格優先の原則より優先する。

［問題17］ □ □ □ □

価格優先の原則とは、買い注文はより高い値段の注文が優先し、売り注文はより低い値段の注文が優先するというものであり、時間優先の原則とは、同一値段での売り注文同士又は買い注文同士では、取引所に対してより早く発注された注文が優先されるというものである。

解答

[問題９]　×　テ159

形式基準すべてに適合するものを対象としている。

[問題10]　○　テ159

[問題11]　○　テ160

[問題12]　×　テ161

優先株等の上場については、優先株等の特異性を考慮し、普通株とは異なった基準を設けている。

[問題13]　○　テ161

[問題14]　○　テ162

なお、発行者基準には、当該取引所の上場会社であることがある。

[問題15]　×　テ165

上場国債証券の通常取引の売買単位は、額面５万円である。

[問題16]　×　テ166

まずは価格優先の原則が優先し、同一値段の呼値の場合、先に行われた呼値が後に行われた呼値に優先する時間優先の原則が適用される。

[問題17]　○　テ166

問題

[問題18] □□□□

ザラ場とは、売買立会の始値の決定方法に用いられている。

[問題19] □□□□

DVP決済とは、「資金と証券の同時又は同日中の引渡しを行う決済」のことであり、この決済では、取引相手の決済不履行から生じる元本リスクを排除することができる。

[問題20] □□□□

金融商品取引所の定める「受託契約準則」は、当該金融商品取引所と金融商品取引業者との間における取引所取引に関する契約内容を定めたものであり、金融商品取引業者にはこれを遵守すべき義務があるが、顧客にはこれを遵守すべき義務はない。

[問題21] □□□□

顧客が取引参加者に有価証券の売買を委託する場合、その住所・氏名等を通告する必要はない。

[問題22] □□□□

有価証券売買における顧客と取引参加者との間の金銭の授受は、すべて円貨で行うことが前提になっているが、受託取引参加者が同意したときは、顧客の指定する外貨によって行うことができる。

[問題23] □□□□

顧客の債務不履行に対しては、取引参加者は自己の計算において、売付け又は買付けを締結することができ、それでもなお不足がある場合は、その不足額の支払いを顧客に対し請求することができる。

[問題24] □□□□

国債証券は、制度信用取引の委託保証金代用有価証券になる。

※　本設問は外国株式信用取引を除く、国内における信用取引を対象とする。

解答

[問題18]　×　　テ167

売買立会の始値の決定方法に用いられるのは板寄せである。ザラ場とは始値決定後から売買立会いの終了までの間、及びこの間の価格決定方法をいう。

[問題19]　○　　テ170、188

なお、元本リスクとは、資金又は証券を交付した後その対価を受取れないリスクをいう。

[問題20]　×　　テ171

金融商品取引所の定める「受託契約準則」は、取引参加者である金融商品取引業者と顧客との間の受託・委託に関する約款条項を定めたものであり、金融商品取引業者はこれを遵守すべき義務があり、顧客もまたこれを遵守すべき義務がある。

[問題21]　×　　テ171

顧客が取引参加者に有価証券の売買を委託する場合には、その住所・氏名等を通告する義務がある。

[問題22]　○　　テ172

[問題23]　×　　テ172

顧客の債務不履行に対しては、取引参加者は、任意にその顧客の計算において、売付け又は買付けの契約を締結することができる。

[問題24]　○　　テ173、204

8 株式業務

○×問題 以下について、正しければ○を、正しくなければ×をつけなさい。

[問題1] □□□□

取引所で行われる売買を取引所売買といい、取引所売買は、注文を価格優先、時間優先で付け合わせるオークション方式（個別競争売買）で売買されている。

[問題2] □□□□

取引所において成立した取引価格（最高・最低及び最終価格）は、毎営業日、取引所によって公表されている。

[問題3] □□□□

金融商品取引業者は、株式の取引については、取引開始基準を定め、適合した顧客から取引を受託するものとされている。

[問題4] □□□□

金融商品取引業者は、顧客の有価証券の売買等が内部者取引に該当するおそれのあることを知った場合は、当該注文を受けることはできない。

[問題5] □□□□

金融商品取引業者は、自己の計算による売付け、顧客から受託する売付けが空売りに該当する場合でも取引所に明示する必要はない。

[問題6] □□□□

金融商品取引業者は上場株券の安定操作取引が行われていることを知りながら、その旨を表示しないで、顧客から当該株券の買付け注文を受けることはできない。

[問題7] □□□□

顧客が有価証券の売買の委託注文を出す際、金融商品取引業者に対し指示する事項に「委託注文の有効期間」は含まれない。

解答

[問題1]　○　　テ166、179

[問題2]　○　　テ179

毎営業日公表することが、義務付けられている。

[問題3]　×　　テ109、181

株式の取引については、取引開始基準を定める必要はない。なお、信用取引については、取引開始基準を定める必要がある。

[問題4]　○　　テ182

会社関係者などで、所定の方法で上場会社等の業務等に関する重要事実を知った者は、これが公表される前に、その上場株式等の特定有価証券等に係る売買等（内部者取引）を行ってはならない。金融商品取引業者は、顧客の有価証券の売買等が内部者取引に該当すること、又はそのおそれのあることを知った場合は、当該注文を受けることはできない。

[問題5]　×　　テ182

取引所金融市場で行う空売りは、取引所に明示しなければならない。

[問題6]　○　　テ184

[問題7]　×　　テ185

顧客が有価証券の売買の委託注文を出す際、金融商品取引業者に対し指示する事項に「委託注文の有効期間」は含まれる。

問題

[問題8] □□□□

「手数料の金額」は、「注文伝票」に記載すべき事項である。

[問題9] □□□□

「自己又は委託の別」は、注文伝票の記載事項に含まれる。

[問題10] □□□□

「受注日時」は、注文伝票に記載すべき事項に含まれない。

[問題11] □□□□

取引所取引における上場株式の普通取引について、金曜日に約定が成立した場合には、原則として翌週の月曜日に決済を行うこととされている。

[問題12] □□□□

資金と証券の同時又は当日中の引渡しを行う決済をDVP決済といい、取引相手の決済不履行（資金又は証券を交付した後その対価を受け取れないこと）を排除できる。

[問題13] □□□□

立会外売買は、一般的には売方と買方が合意した価格・数量等に基づきクロス取引にて約定を成立させる売買である。

[問題14] □□□□

取引所における立会外バスケット取引は、15銘柄以上で構成され、かつ総額5,000万円以上のポートフォリオに限定されている。

[問題15] □□□□

店頭有価証券は、原則として一般投資家に対し投資勧誘を行ってはならない。

[問題16] □□□□

店頭取引は、オークション方式により売買される。

[問題17] □□□□

取引所での売買と取引所外での売買では、同一時刻に成立した売買であれば、同じ価格でなければならない。

解答

［問題8］　×　　テ186

「手数料の金額」は、注文伝票に記載すべき事項に含まれない。

［問題9］　○　　テ186

他に取引の種類、銘柄、売付け又は買付けの別、受注数量、指値又は成行の別、受注日時等の記載事項がある。

［問題10］　×　　テ186

「受注日時」は、注文伝票に記載すべき事項に含まれる。

［問題11］　×　　テ163、187

原則として、売買成立の日から起算して３営業日目に当たる翌週の火曜日に決済を行う。

［問題12］　○　　テ170、188

［問題13］　○　　テ189

［問題14］　×　　テ189

取引所における立会外バスケット取引は、15銘柄以上で構成され、かつ総額１億円以上のポートフォリオに限定されている。

［問題15］　○　　テ135、190

［問題16］　×　　テ190

店頭取引は、委託又は仕切りの形式により、会員間又は会員と顧客との間の相対売買により行われる。

［問題17］　×　　テ191

取引所での売買と取引所外での売買では、同一時刻に成立した売買であっても、価格が異なることがある。

問題

[問題18] □□□□

一定の条件を満たすPTS（私設取引システム）を開設するには、内閣総理大臣への届出が必要である。

[問題19] □□□□

PTS（私設取引システム）の価格決定方法は、オークションの方法のみである。

[問題20] □□□□

私設取引システム（PTS）で取引できる銘柄は、上場株式のみである。

[問題21] □□□□

PTS（私設取引システム）では、顧客の間の交渉に基づく価格を用いる方法により価格を決定することができる。

[問題22] □□□□

PTS（私設取引システム）の売買価格決定方法のうちの１つに、顧客の提示した指値が、取引の相手方となる他の顧客の提示した指値と一致する場合に、当該顧客の提示した指値を用いる方法は含まれる。

[問題23] □□□□

株式累積投資は、任意の時に単元未満株のまま機動的に任意の銘柄の買付けを行い、また、買い付けた単元未満株を単元未満株のまま売り付けることができる。

[問題24] □□□□

ドル・コスト平均法とは、株価の値動きやタイミングに関係なく、株式を定期的に継続して一定金額ずつ購入していく方法である。

[問題25] □□□□

株式ミニ投資は、任意の時に単元未満株のまま機動的に任意の銘柄の買付けを行い、また、買い付けた単元未満株を単元未満株のまま売り付けることができる。

解答

[問題18]　×　　テ20～21、193

一定の条件を満たすPTSを開設するには、内閣総理大臣の認可が必要である。

[問題19]　×　　テ193

PTSの価格決定方法は、オークション（競売買）の方法のほか、顧客の間の交渉に基づく価格を用いる方法など様々な方法が認められる。

[問題20]　×　　テ193

店頭売買有価証券も取引の対象銘柄となっている。

[問題21]　○　　テ193

[問題22]　○　　テ193

なお、PTSの売買価格決定方法には、他にオークション（競売買）の方法や顧客の間の交渉に基づく価格を用いる方法などがある。

[問題23]　×　　テ194～195、306

株式累積投資は、株価の値動きやタイミングに関係なく、株式を定期的に継続して一定金額ずつ購入していく方法である。問題文は、株式ミニ投資の記述である。

[問題24]　○　　テ194、307

ドル・コスト平均法は、株式累積投資での購入に用いられている。

[問題25]　○　　テ195、306

問題

[問題26] □□□□

株式ミニ投資の取扱金融商品取引業者は、顧客から当該注文を受ける場合には、当該顧客と金融商品取引業者の定める株式ミニ投資に関する約款に基づく取引契約を締結することとされている。

[問題27] □□□□

株式ミニ投資の取扱金融商品取引業者は、顧客から当該売買注文を受ける場合には、当該顧客から銘柄、買付け又は売付けの区別、成行又は指値の別、数量について指示を受ける必要がある。

[問題28] □□□□

株式ミニ投資に係る取引については、顧客から注文を受託した日が約定日となる。

[問題29] □□□□

一般に、株式上場のメリットとして、当該公開会社の資金調達力の拡大や、社会的信用の向上があげられる。

[問題30] □□□□

株式の新規上場に際して、公開価格の決定方法には、競争入札による公募等とブック・ビルディングがある。

[問題31] □□□□

ブック・ビルディング方式は、公開価格に係る仮条件を決定し、その後のブック・ビルディングにより把握した投資者の需要状況、上場日までの期間における株式相場の変動リスク等を総合的に勘案して、上場前の公募・売出しに際する公開価格を決定するものである。

[問題32] □□□□

株式の発行形式のうち、有償増資には、株主割当有償増資、公募増資、第三者割当増資がある。

[問題33] □□□□

一般に、無償増資と呼ばれるのは、株式分割のことである。

解答

[問題26]　○　テ195

[問題27]　×　テ196

取扱金融商品取引業者は、顧客から株式ミニ投資に係る売買注文を受ける場合には、当該顧客から銘柄、買付け又は売付けの区別、数量について指示を受ける必要があるが、約定日における指定証券取引所の価格に基づき約定価格が決定されるため、価格（成行又は指値の別）については指示を受けない。

[問題28]　×　テ196

株式ミニ投資に係る取引において、約定日は金融商品取引業者が顧客から注文を受託した日の翌営業日とされている。

[問題29]　○　テ197

[問題30]　○　テ197

[問題31]　○　テ197

なお、競争入札による公開価格の決定方法では、入札後の公開価格は、落札加重平均価格を基準として、当該入札の実施状況、上場日までの期間に係る株式相場の変動により発生し得る危険及び入札後の公募増資等に対する需要の見通し等を総合的に勘案して決定される。

[問題32]　○　テ216

[問題33]　○　テ216

問題

[問題34] □□□□

株主割当有償増資が実施される場合、新株割当期日の前営業日からは、その株は新株の割当を受ける権利がなくなってしまう。そのため、株価は理論的には、その権利分の価値だけ値下がりするが、これを権利落相場という。

[問題35] □□□□

時価1,200円の株式について、1：1.5の株式分割を行うこととなった場合の予想権利落相場は800円である（1円未満は切り捨てる)。

[問題36] □□□□

PERとは、株価純資産倍率のことである。

[問題37] □□□□

一般的に利益成長の高い会社ほど、PERは低く買われる傾向にある。

[問題38] □□□□

個々の銘柄でPERが高いか低いかは、業種の違いや成長力、収益力に対する市場の評価には影響されない。

[問題39] □□□□

株式益回りは、株価収益率（PER）の逆数で株価に対する税引後利益の比率（1株当たりの企業収益率）を表したものである。

[問題40] □□□□

イールドスプレッドが小さくなればなるほど、株価は割高感が強くなる。

[問題41] □□□□

PCFR（株価キャッシュ・フロー倍率）で用いられるキャッシュ・フローには、税引後利益から減価償却費を差し引いた金額を用いる。

[問題42] □□□□

株価純資産倍率（PBR）は、株価を1株当たり純資産で除して求めることができる。

解答

[問題34]　○　テ217

[問題35]　○　テ217

$$権利落相場=\frac{権利付相場}{分割比率}=\frac{1,200円}{1.5}=\underline{800円}$$

[問題36]　×　テ218、221

PERとは、株価収益率のことである。株価純資産倍率は、PBRである。

[問題37]　×　テ218

一般的に利益成長の高い会社ほど、PER（株価収益率）は高く買われる傾向にある。

[問題38]　×　テ218

個々の銘柄でPER（株価収益率）が高いか低いかは、業種の違いや成長力、収益力に対する市場の評価で違ってくる。

[問題39]　○　テ219

[問題40]　×　テ219

イールドスプレッドが小さくなればなるほど、株価は割安感が強くなる。

[問題41]　×　テ220

キャッシュ・フローは、税引後利益に減価償却費を加算した金額を用いる。

[問題42]　○　テ221

問題

[問題43] □□□□

EBITDAは、国によって異なる金利水準や税率、減価償却方法などの違いを最小限に抑えた「利益」のことであり、最近は損益計算書の利益と並んで企業評価（国際的な同業他社との比較）に多く用いられている。

[問題44] □□□□

EV／EBITDA倍率は国際的な同業他社との比較に用いられ、この倍率が高ければ株価は割高で低ければ株価は割安である。

[問題45] □□□□

日経平均株価は、東証プライム市場上場銘柄中、流動性が高く代表的な225銘柄の株価を平均し、かつ連続性を失わせないため、増資権利落ちなどを修正した形で計算したものである。

[問題46] □□□□

東証株価指数（TOPIX）は、東証株価指数構成銘柄の時価総額が、基準時の時価総額に比較してどのくらい増えたか減ったか、ということを通じて市場全体の株価の動きを表すものである。

選択問題

[問題47] □□□□

時価1,750円の株式について、１：1.4の株式分割を行うこととなった場合の予想権利落相場として正しいものの番号を１つマークしなさい

1．　625円　　2．1,250円　　3．1,750円
4．2,450円　　5．4,900円

[問題48] □□□□

１：1.2の株式分割を行う上場銘柄Ａ社株式の権利付相場は1,170円であったが、権利落後の値段が、1,100円になったとすると、権利付相場の1,170円に対していくら値上がりしたことになるか、正しいものの番号を１つマークしなさい。

1．　70円　　2．　90円　　3．100円
4．120円　　5．150円

解答

[問題43]　○　テ223

[問題44]　○　テ223

[問題45]　○　テ224

なお、単純平均であるため、小型の値嵩株の値動きに影響され易いという特徴がある。

[問題46]　○　テ224

[問題47]　**2**　テ217

$$\text{権利落相場}=\frac{\text{権利付相場}}{\text{分割比率}}=\frac{1,750\text{円}}{1.4}=\underline{1,250\text{円}}$$

[問題48]　**5**　テ217～218

権利落後の値段から算出される権利付相場　1,100円×1.2＝1,320円

値上り額　1,320円－1,170円＝<u>150円</u>

問題

[問題49] □□□□

以下の会社（年１回決算）の株価収益率（PER）及び株価純資産倍率（PBR）の組み合わせとして正しいものの番号を１つマークしなさい。

（注） 答えは、小数第２位以下を切り捨ててある。また、発行済株式総数及び貸借対照表上の数値は、前期末と今期末において変化はないものとする。

総資産	110億円
総負債	35億円
発行済株式総数	800万株
当期純利益	７億円
株価（時価）	1,200円

１．（PER） 8.1倍 （PBR）0.8倍
２．（PER） 8.1倍 （PBR）1.2倍
３．（PER）13.7倍 （PBR）0.8倍
４．（PER）13.7倍 （PBR）1.2倍
５．（PER）13.7倍 （PBR）2.7倍

[問題50] □□□□

資本金600億円、時価総額1,800億円、利益剰余金200億円、保有現預金（短期有価証券含む）150億円、有利子負債600億円、EBITDA270億円である会社（年１回決算）のEV／EBITDA倍率として正しいものの番号を１つマークしなさい。

（注） 答えは、小数点第２位以下を切り捨ててある。

１． 8.3倍
２． 8.7倍
３． 9.3倍
４． 9.8倍
５． 14.2倍

解答

[問題49]　4　　テ218～219、221

株価収益率（PER）：

$$1\text{株当たり当期純利益}=\frac{\text{当期純利益}}{\text{発行済株式総数}}=\frac{7\text{億円}}{800\text{万株}}=87.5\text{円}$$

$$\text{株価収益率}=\frac{\text{株価}}{1\text{株当たり当期純利益}}=\frac{1,200\text{円}}{87.5\text{円}}\fallingdotseq\underline{13.7\text{倍}}$$

株価純資産倍率（PBR）：

$$1\text{株当たり純資産}=\frac{(\text{総資産}-\text{総負債})}{\text{発行済株式総数}}=\frac{(110\text{億}-35\text{億円})}{800\text{万株}}=937.5\text{円}$$

$$\text{株価純資産倍率}=\frac{\text{株価}}{1\text{株当たり純資産}}=\frac{1,200\text{円}}{937.5\text{円}}\fallingdotseq\underline{1.2\text{倍}}$$

[問題50]　1　　テ223

EV＝時価総額＋有利子負債－(現金預金＋短期有価証券)

＝1,800億円＋600億円－150億円

＝2,250億円

$$\text{EV／EBITDA倍率}=\frac{\text{EV}}{\text{EBITDA}}=\frac{2,250\text{億円}}{270\text{億円}}\fallingdotseq\underline{8.3\text{倍}}$$

8・株式業務

問題

[問題51] □□□□

ある個人（居住者）が、取引所取引で現物取引により上場銘柄A社株式7,000株を成行注文で買い委託したところ、同一日に1,900円で2,000株、また、2,000円で5,000株約定した。

この場合の受渡代金はいくらになるか、正しいものの番号を１つマークしなさい。

（注） 株式委託手数料は、下表に基づき計算すること。

約定代金	委託手数料額
100万円超　500万円以下	約定代金×0.900％＋ 2,500円
500万円超1,000万円以下	約定代金×0.700％＋12,500円
1,000万円超3,000万円以下	約定代金×0.575％＋25,000円
※上式による算出額に消費税額が加算される。 ※円未満は切り捨ててある。	

1．13,668,880円
2．13,685,215円
3．13,904,350円
4．13,914,785円
5．13,931,120円

解答

[問題51]　4　テ224

約定代金：1,900円×2,000株＋2,000円×5,000株＝13,800,000円

委託手数料：13,800,000円×0.575％＋25,000円＋消費税

＝104,350円＋(104,350円×10％)＝114,785円

受渡代金：13,800,000円＋114,785円＝13,914,785円

9 債券業務

○×問題 以下について、正しければ○を、正しくなければ×をつけなさい。

［問題１］ □□□□

債券とは、国をはじめ、地方公共団体、政府関係機関、事業会社及び金融機関などが、広く一般の投資者から一時に大量の資金を調達し、その見返りとして、元本の返済や利子の支払いなどの条件を明確にするために発行する証書である。

［問題２］ □□□□

債券の発行を日常の貸借関係に例えれば、その発行者は債務者であり、債券を保有する投資者は債権者、債券は借用証書に該当する。

［問題３］ □□□□

債券の途中換金は、購入価格で金融商品取引業者が買い取るのが原則である。

［問題４］ □□□□

長期国債は、発行・流通市場の双方において、わが国の債券市場の中心的銘柄であり、その発行条件や流通利回りは、他の年限の国債、その他の国内債の指標となっている。

［問題５］ □□□□

期間２年及び５年の国債は、中期国債に分類され、価格競争入札による公募入札方式により発行される。

［問題６］ □□□□

原則として、物価連動国債は、償還時に額面を下回って償還されることはない。

［問題７］ □□□□

GX経済移行債は、GX投資を官民協調で実現していくために創設した国債で、カーボンプライシング導入の結果として得られる将来の財源を裏付けとして発行されている。

［問題８］ □□□□

個人向け国債「変動10年」、「固定５年」、「固定３年」は、原則として、発行から１年間は中途換金ができないが、それ以後の換金は国が額面で買い取る。

解答

[問題１]　○　テ228

[問題２]　○　テ228

[問題３]　×　テ228

債券の途中換金は、時々刻々変動する市場相場によるのが原則である。

[問題４]　○　テ229

[問題５]　○　テ229

中期国債は、償還までの期間が２年と５年の２種類が発行されている。

[問題６]　○　テ230

物価連動国債には、償還時の元本保証（フロア）が設定されているため、償還時の連動係数が１を下回る場合、額面金額で償還される。

[問題７]　○　テ230

[問題８]　○　テ231

なお、中途換金額は、「額面金額＋経過利子－中途換金調整額」で計算される。

問題

[問題9] □□□□

個人向け国債は、3種類あるが、いずれも購入者を個人に限定する国債で、年4回（3月、6月、9月、12月）発行される。

[問題10] □□□□

財政法に基づき発行される国債は、借換国債と呼ばれる。

[問題11] □□□□

特例国債とは、建設国債を発行してもなお歳入不足が見込まれる場合に公共事業費等以外の歳出に充てる資金を調達することを目的とし、特例公債法により発行されるいわゆる「赤字国債」のことである。

[問題12] □□□□

全国型市場公募地方債を発行できる団体は、すべての都道府県と一部の政令指定都市である。

[問題13] □□□□

政府保証債は、元利払いにつき政府の保証が付いて発行される。

[問題14] □□□□

資産担保証券は、自己の資産の信用力やキャッシュ・フローを裏付けとした資金調達となり、直接の負債にはならない

[問題15] □□□□

国際機関や外国政府、事業法人（非居住者）等が、日本国内市場において円貨建てで発行する債券を、円建外債（サムライ債）という。

[問題16] □□□□

地方公共団体が設立した公社が発行する債券は、「事業債」に分類される。

[問題17] □□□□

国内で発行される譲渡性預金証書（国内CD）は、金融機関が発行する譲渡可能な預金証書のことで、金融商品取引法上の有価証券に含まれる。

[問題18] □□□□

利率（クーポン・レート）とは、投資元本に対する1年当たりの収益の割合をいう。

[問題19] □□□□

利回りとは、額面金額に対する1年当たりの利子の割合をいう。

解答

[問題9]　×　テ231

個人向け国債は、毎月発行される。

[問題10]　×　テ231

財政法に基づき発行される国債は、建設国債である。

[問題11]　○　テ231

[問題12]　×　テ232

全国型市場公募地方債を発行できる団体は、一部の都道府県とすべての政令指定都市である。

[問題13]　○　テ232

[問題14]　○　テ233

[問題15]　○　テ233

[問題16]　×　テ234

地方公共団体が設立した公社が発行する債券は、「地方公社債」に分類される。

[問題17]　×　テ234

国内CDは、金融商品取引法上の有価証券ではない。

[問題18]　×　テ236

利率とは、債券の額面に対する１年当たりの利子の割合をいう。問題文は、利回りの記述である。

[問題19]　×　テ236

利回りとは、投資元本に対する１年当たりの収益の割合をいう。

問題

[問題20] □□□□

発行者利回りは、発行者が負担する利子や償還差益、元利払い手数料などの1年当たりの総経費が、債券発行により調達した手取り資金総額に対してどれだけになるかという比率のことである。

[問題21] □□□□

債券は、最終償還のほか、期中償還があり、期中償還には、定時償還、任意償還及び抽選償還がある。

[問題22] □□□□

社債管理者は、社債権者のために弁済を受ける等の業務を行うのに必要な一切の権限を有する会社であり、銀行、信託銀行等が社債管理者になることができる。

[問題23] □□□□

社債発行会社は原則として社債管理者を設置しなければならないが、各社債の金額が1億円以上である場合は、社債管理者を置く必要はない。

[問題24] □□□□

国債市場特別参加者とは、国債管理政策の策定及び遂行に協力する者であって、財務大臣が指定する国債市場に関する特別な責任及び資格を有する者である。

[問題25] □□□□

「スプレッド・プライシング方式」とは、格付の高い社債を中心に採用され、投資家の需要状況を調査する際に、国債等の金利に対する上乗せ分（スプレッド）を提示することで、金利変化に対応すると同時に、きめ細かく投資家の需要を探ろうとするものである。

[問題26] □□□□

格付とは、発行会社が負う金融債務についての総合的な債務履行能力や個々の債務等が約定どおりに履行される確実性（信用力）に対する格付機関の意見を簡単な記号で示したものである。

[問題27] □□□□

債券の店頭取引に当たっては、合理的な方法で算出された時価（社内時価）を基準として、適正な価格により取引を行い、その取引の公正性を確保しなければならない。

解答

[問題20]　○　テ236

[問題21]　○　テ237

最終償還は、一般に額面金額で償還され、期中償還は、発行者の償還負担を平準化するために行われる。

[問題22]　○　テ238

[問題23]　○　テ238

なお、社債管理者は、社債権者のために弁済を受ける等の業務を行うのに必要な一切の権限を有する会社である。

[問題24]　○　テ239

なお、国債市場特別参加者をプライマリーディーラーという。

[問題25]　○　テ239

[問題26]　○　テ239

なお、公正な格付を付与するための体制整備等の要件を満たした格付機関が、「信用格付業者」として登録できる「登録制」を採用している。

[問題27]　○　テ146、240

問題

[問題28] □□□□

日本証券業協会は、公社債の店頭売買を行う投資者及び証券会社等の参考に資するため、指定する協会員からの報告に基づき、毎週、売買参考統計値を発表している。

[問題29] □□□□

コール市場、手形市場、CD（譲渡性預金）市場などの短期金利が低下すると、一般に債券の利回りは低下し、債券価格は下落する。

[問題30] □□□□

債券相場にとってデフレ（物価下落）はマイナス要因で、インフレ（物価上昇）はプラス要因である。

[問題31] □□□□

日本銀行による買いオペレーションなどの金融緩和政策は、一般に債券市況にとってマイナス要因である。

[問題32] □□□□

債券の入替売買とは、売買に際し、同種・同量の債券等を、一定期間後に一定価格で反対売買することをあらかじめ取り決めて行う取引のことをいう。

[問題33] □□□□

ラダー型ポートフォリオとは、流動性確保のための短期債と収益性追求のための長期債のみを保有するポートフォリオをいう。

[問題34] □□□□

ダンベル型ポートフォリオとは、短期から長期までの債券を年度ごとに均等に保有し、毎期、同じ満期構成を維持するポートフォリオをいう。

[問題35] □□□□

債券の現先取引は、売買に際し同種・同量の債券等を、所定の期日に、所定の価額で反対売買することを、あらかじめ取り決めて行う債券の売買をいう。

解答

[問題28]　×　テ146、241

売買参考統計値は、毎営業日発表されている。

[問題29]　×　テ242

コール市場、手形市場、CD（譲渡性預金）市場などの短期金利が低下すると、一般に債券の利回りは低下し、債券価格は上昇する。

[問題30]　×　テ242

インフレ（物価上昇）は、金利の上昇をまねき、債券相場が下落するため債券相場のマイナス（下落）要因となる。デフレ（物価下落）はプラス（上昇）要因である。

[問題31]　×　テ243

金融緩和により、金利が低下すると、債券価格は上昇するので、プラス要因である。

[問題32]　×　テ244

債券の入替売買とは、同一の投資者がある銘柄を売るとともに別の銘柄を買うというように、同時に売り買いを約定する売買手法である。問題文は、現先取引の記述である。

[問題33]　×　テ244

ラダー型ポートフォリオとは、短期から長期までの債券を年度ごとに均等に保有し、毎期、同じ満期構成を維持するポートフォリオである。問題文は、ダンベル型ポートフォリオの記述である。

[問題34]　×　テ244

ダンベル型（バーベル型）ポートフォリオとは、流動性確保のための短期債と、収益性追求のための長期債のみを保有するポートフォリオをいう。問題文は、ラダー型ポートフォリオの記述である。

[問題35]　○　テ244

問題

[問題36] □□□□

現先取引の対象顧客は、上場会社又はこれに準ずる法人と経済的、社会的に信用のある個人に限られる。

[問題37] □□□□

現先取引の対象となる債券には、国債、地方債、社債、外貨建債券等のほか、新株予約権付社債も含まれる。

[問題38] □□□□

転換社債型新株予約権付社債は、新株予約権を付した社債のことで、新株予約権の分離譲渡はできないものである。

[問題39] □□□□

転換社債型新株予約権付社債には、新株予約権が付いている代わりに、一般的に、同時期に発行される普通社債よりも利率が高く設定されている。

[問題40] □□□□

パリティ価格とは、転換社債型新株予約権付社債の債券としての価値を表す理論価格のことである。

[問題41] □□□□

Ａ社の転換社債型新株予約権付社債は、利率年３％、額面金額100万円、転換価額600円である。このときのＡ社の株価が450円になったとすれば、Ａ社転換社債型新株予約権付社債のパリティ価格は150円となる。

[問題42] □□□□

A社の転換社債型新株予約権付社債は、利率年３％、額面金額100万円、転換価額750円である。Ａ社の株価が600円、転換社債型新株予約権付社債の価格が105円であるときの乖離率は、31.25％となる。

（注） 答えは、小数第３位以下を切り捨ててある。

解答

[問題36]　×　テ245

現先取引の対象顧客は、上場会社又はこれに準ずる法人で、経済的、社会的に信用のあるものに限られ、個人は対象外である。

[問題37]　×　テ245

現先取引の対象となる債券には、国債、地方債、社債、外貨建債券等は含まれるが、新株予約権付社債は対象外である。

[問題38]　○　テ247、324

[問題39]　×　テ247

転換社債型新株予約権付社債は、株式に転換できるというメリットがあるため、一般的に同時期に発行される普通社債よりも利率が低く設定されている。

[問題40]　×　テ249

パリティ価格は、株価から見た理論価格で、転換社債型新株予約権付社債を株式に転換するときの価値を表す価格であり、株価を転換価額で除すことで、同債券額面100円に対する理論価格として求められる。

[問題41]　×　テ249～250

$$\text{パリティ価格}=\frac{\text{株価}}{\text{転換価額}}\times100=\frac{450\text{円}}{600\text{円}}\times100=\underline{75\text{円}}$$

[問題42]　○　テ249～250

$$\text{パリティ価格}=\frac{\text{株価}}{\text{転換価額}}\times100=\frac{600\text{円}}{750\text{円}}\times100=80\text{円}$$

$$\text{乖離率}=\frac{\text{転換社債型新株予約権付社債価格}-\text{パリティ価格}}{\text{パリティ価格}}\times100\ (\%)$$

$$=\frac{105\text{円}-80\text{円}}{80\text{円}}\times100=\underline{31.25\%}$$

問題

[問題43] □□□□

既発行の債券を購入した後、最終償還日まで所有することを前提とした場合の利回りを、応募者利回りという。

[問題44] □□□□

既発の利付債を売買する場合には、直前利払日の翌日から受渡日までの期間に応じて、売り手から買い手に経過利子が支払われる。

[問題45] □□□□

以下の取引の経過利子を計算する際の経過日数は、10日である。

売買有価証券：長期国債（償還日：○○年９月20日）
直前利払日：○○年３月20日
約　定　日：○○年３月27日
受　渡　日：○○年３月29日

選択問題

[問題46] □□□□

転換社債型新株予約権付社債の価格変動要因の組合せとして、正しいものの番号を１つマークしなさい。

		（金利）	（クレジットスプレッド）	（株価）	（ボラティリティ）
1．	価格上昇	低下	縮小	上昇	上昇
2．	価格上昇	低下	縮小	上昇	下落
3．	価格上昇	上昇	拡大	下落	下落
4．	価格下落	上昇	拡大	上昇	下落

解答

[問題43]　×　テ252

応募者利回りとは、新規に発行された債券を購入し、償還まで所有した場合の利回りのことである。問題文は、最終利回りの記述である。

[問題44]　×　テ256

経過利子は債券の売買時に、買い手から売り手に支払われる。

[問題45]　×　テ256～257

経過日数は、直前の利払日の翌日から受渡日まで数える（いわゆる片端入れ）。本問の場合、３月21日から３月29日までの９日である。

[問題46]　1　テ248

転換社債型新株予約権付社債（転換社債）の価格変動要因は、次のとおりである。

一般に、金利が低下、クレジットスプレッドが縮小、株価が上昇、ボラティリティが上昇のとき、転換社債価格の上昇要因となる。反対に、金利が上昇、クレジットスプレッドが拡大、株価が下落、ボラティリティが下落するときは、転換社債価格の下落要因となる。

問題

[問題47] □□□□

A社の転換社債型新株予約権付社債は、利率年2.5%、額面金額100万円、転換価額1,250円である。A社の株価が800円になったとすれば、A社転換社債型新株予約権付社債のパリティ価格として正しいものの番号を1つマークしなさい。

1．　51円20銭
2．　64円
3．　80円
4．125円
5．156円25銭

[問題48] □□□□

次の条件の転換社債型新株予約権付社債の乖離率として正しいものの番号を1つマークしなさい。

（注）答えは、小数第3位以下を切り捨ててある。

転換価額	800円
転換社債型新株予約権付社債の時価	107円
転換の対象となる株式の時価	740円

1．▲15.67%
2．▲ 1.01%
3．　5.37%
4．　15.67%
5．　22.35%

解答

[問題47]　2 [テ]249

$$パリティ価格=\frac{株価}{転換価額}\times 100=\frac{800円}{1,250円}\times 100=\underline{64円}$$

[問題48]　4 [テ]249〜250

$$パリティ価格=\frac{株価}{転換価額}\times 100=\frac{740円}{800円}\times 100=92.5円$$

「転換社債型新株予約権付社債」を「転換社債」とする

$$乖離率=\frac{転換社債の時価-パリティ価格}{パリティ価格}\times 100$$

$$=\frac{107-92.5}{92.5}\times 100 \fallingdotseq \underline{15.67\%}$$

問題

[問題49] □□□□

購入価格102円、利率年２％、残存期間５年の利付債券の最終利回りとして正しいものの番号を１つマークしなさい。

（注） 答えは、小数第４位以下を切り捨ててある。

１．0.512%
２．0.679%
３．1.568%
４．1.993%
５．2.456%

[問題50] □□□□

利率年2.0%、償還期限10年、発行価格101円の利付債券の応募者利回りとして正しいものの番号を１つマークしなさい。

（注） 答えは、小数第４位以下を切り捨ててある。

１．1.881%
２．1.941%
３．2.000%
４．2.233%
５．2.300%

[問題51] □□□□

利率年1.8%の10年満期の利付国債を100.40円で買い付け、６年後に99.50円で売却した場合の所有期間利回りとして正しいものの番号１つマークしなさい。

（注） 答えは、小数第４位以下を切り捨ててある。

１．1.643%
２．1.658%
３．1.892%
４．1.942%
５．1.960%

解答

[問題49]　3

テ252

$$最終利回り=\frac{利率+\dfrac{償還価格-購入価格}{残存期間（年）}}{購入価格}\times 100（\%）$$

$$=\frac{2+\dfrac{100-102}{5}}{102}\times 100 \fallingdotseq \underline{1.568\%}$$

[問題50]　1

テ252～253

$$応募者利回り=\frac{利率+\dfrac{償還価格-発行価格}{償還期限（年）}}{発行価格}\times 100（\%）$$

$$=\frac{2.0+\dfrac{100-101}{10}}{101}\times 100 \fallingdotseq \underline{1.881\%}$$

[問題51]　1

テ253

$$所有期間利回り=\frac{利率+\dfrac{売却価格-購入価格}{所有期間（年）}}{購入価格}\times 100（\%）$$

$$=\frac{1.8+\dfrac{99.50-100.40}{6}}{100.40}\times 100 \fallingdotseq \underline{1.643\%}$$

問題

[問題52] □□□□

発行価格102円、利率年1.6%、残存期間４年、購入価格104.00円の10年満期の利付債券の直接利回りとして正しいものの番号を１つマークしなさい。

（注） 答えは、小数第４位以下を切り捨ててある。

1．0.576%
2．1.078%
3．1.538%
4．2.019%
5．2.058%

[問題53] □□□□

残存期間６年、利率年2.5%の利付国債を最終利回り1.5%になるように買うとすると、購入価格として正しいものの番号を１つマークしなさい。

（注） 答えは、小数第４位以下を切り捨ててある。

1．94.782円
2．97.475円
3．102.678円
4．105.504円
5．108.490円

[問題54] □□□□

次の文章のうち、ある個人（居住者）が利率年2.5%、額面100万円の上場国債を取引所取引により売付けた場合で、経過日数が73日であるときの経過利子に関する記述として正しいものの番号を１つマークしなさい。

（注） 経過利息を計算するに当たり、円未満は切り捨てること。

1．経過利子の額は、6,000円であり、売却代金から経過利子が差し引かれる。
2．経過利子の額は、6,000円であり、売却代金の他に経過利子も受け取る。
3．経過利子の額は、5,000円であり、売却代金から経過利子が差し引かれる。
4．経過利子の額は、5,000円であり、売却代金の他に経過利子も受け取る。
5．経過利子の額は、4,000円であり、売却代金から経過利子が差し引かれる。

解答

[問題52]　3　テ254

$$直接利回り＝\frac{利率}{購入価格}\times100\ (\%)＝\frac{1.6}{104.00}\times100 \fallingdotseq \underline{1.538\%}$$

[問題53]　4　テ255

$$購入価格＝\frac{償還価格＋利率\times残存期間}{1+\frac{利回り}{100}\times残存期間}＝\frac{100＋利率\times残存期間}{100＋利回り\times残存期間}\times100$$

$$＝\frac{100+2.5\times6}{100+1.5\times6}\times100 \fallingdotseq \underline{105.504円}$$

[問題54]　4　テ256～257

$$経過利子＝額面（100円）当たり年利子\times\frac{経過日数}{365}\times\frac{売買額面総額}{100}$$

$$＝2.5円\times\frac{73}{365}\times\frac{1,000,000円}{100円}＝\underline{5,000円}$$

<u>経過利子5,000円を受け取れる</u>。

問題

[問題55] □□□□

額面100万円の長期利付国債を、取引所取引により単価102.00円で購入したときの受渡代金として正しいものの番号を１つマークしなさい。

（注） 経過利子は4,600円、委託手数料は額面100円につき40銭（消費税相当額は考慮しない）で計算してある。

１．1,028,600円　２．1,028,920円　３．1,066,400円
４．1,079,600円　５．1,079,800円

[問題56] □□□□

債券売却時の受渡代金の計算式の①、②、③に当てはまる記号をａ又はｂから正しく選んでいるものの番号を１つマークしなさい。

受渡代金＝約定代金（①）経過利子（②）{手数料（③）消費税}

ａ．＋　ｂ．－

１．①はｂ　②はｂ　③はｂ
２．①はａ　②はａ　③はｂ
３．①はａ　②はｂ　③はａ
４．①はｂ　②はｂ　③はａ
５．①はａ　②はａ　③はａ

[問題57] □□□□

額面100万円の長期利付国債を、取引所取引により単価101.50円で売却したときの受渡代金として正しいものの番号を１つマークしなさい。

（注） 経過利子は5,600円、委託手数料は額面100円につき40銭（消費税相当額10％を考慮すること）で計算すること。

１．1,005,000円
２．1,016,200円
３．1,016,600円
４．1,024,600円
５．1,025,000円

解答

[問題55]　1　テ258

約定代金＝$1,000,000円\times\frac{102.00}{100}$＝1,020,000円

委託手数料＝$1,000,000円\times\frac{0.4}{100}$＝4,000円

経過利子＝4,600円

受渡代金＝1,020,000円＋4,000円＋4,600円＝1,028,600円

[問題56]　3　テ258

受渡代金＝約定代金＋経過利子－(手数料＋消費税)

[問題57]　2　テ258

債券売却時の受渡代金：約定代金－手数料＋経過利子を受け取る。

約定代金＝$1,000,000円\times\frac{101.50円}{100円}$＝1,015,000円

委託手数料＝$\frac{0.4円}{100円}\times1,000,000円$＋消費税

＝4,000円＋4,000円×10％＝4,400円

経過利子＝5,600円

受渡代金＝1,015,000円－4,400円＋5,600円＝1,016,200円

10 投資信託及び投資法人に関する業務

○×問題 以下について、正しければ○を、正しくなければ×をつけなさい。

【問題1】 □□□□

投資信託のコストには、購入時の販売手数料、保有時の運用管理費用（信託報酬）、換金時の信託財産留保額などがある。

【問題2】 □□□□

信託報酬は、所定の率を日割計算し、日々、投資信託財産から運用管理費用として控除される。

【問題3】 □□□□

私募投資信託は、少数の投資家を対象とする一般投資家私募と適格機関投資家又は特定投資家のみを対象とする適格機関投資家私募に大別される。

【問題4】 □□□□

会社型投資信託にはファンド自体に法人格はないが、契約型投資信託は、ファンド自体に法人格がある。

【問題5】 □□□□

会社型投資信託において、投資口は株式会社の株式に相当し、投資主は株式会社の株主に相当する。

【問題6】 □□□□

預金と投資信託の利益を計るには、利子（率）と分配金（率）で比較することができる。

【問題7】 □□□□

委託者非指図型投資信託の当事者は、単数の委託者と、複数の受託者である。

【問題8】 □□□□

投資信託及び投資法人に関する法律に定める投資信託の主たる投資対象を「投資信託財産」という。

解答

[問題1] ○ 　テ262

なお、信託財産留保額については、購入時に徴収されるファンドもある。

[問題2] ○ 　テ262

なお、運用管理費用（信託報酬）は、投資信託委託会社と受託会社が、投資信託財産の中から受け取る。

[問題3] ○ 　テ263

なお、公募投資信託は、不特定かつ多数（一般に50名以上）の投資家を対象に設定される投資信託である。

[問題4] × 　テ264

契約型投資信託にはファンド自体に法人格はないが、会社型投資信託は、ファンド自体に法人格がある。

[問題5] ○ 　テ264

[問題6] × 　テ264

預金の元本は一定であるので、預金者の得られる利益はその利子率のみで計算できるが、投資信託の基準価額は、常に変動しているため、投資家が得られる利益を計るには、分配金の額と基準価額の変動の両者を併せて考える必要がある。

[問題7] × 　テ265

委託者非指図型投資信託の当事者は、単数の受託者と、複数の委託者である。なお、運用は、委託者の指図に基づかずに受託者自らが行う。

[問題8] × 　テ266

投資信託及び投資法人に関する法律に定める投資信託の主たる投資対象を「特定資産」という。

問題

[問題9] □□□□

投信法に定める投資信託の主たる投資対象を特定資産といい、特定資産には有価証券のほか、デリバティブ取引に係る権利、不動産、不動産の賃借権、地上権が含まれる。

[問題10] □□□□

証券投資信託（証券投資法人）とは、投資信託財産総額の３分の１を超える額を、主として有価証券等に対する投資として運用することを目的とした投資信託をいう。

[問題11] □□□□

信託の受益権が複数の者に分割されず特定人にのみ与えられるものであっても、有価証券への投資運用を目的とするものであれば、証券投資信託に該当する。

[問題12] □□□□

約款上株式を一切組み入れることができない証券投資信託は、公社債投資信託に分類され、公社債投資信託以外の証券投資信託は、株式投資信託に分類される。

[問題13] □□□□

株式の組み入れ比率30％以下の証券投資信託は、公社債投資信託に分類できる。

[問題14] □□□□

追加型投資信託（オープン型投資信託）には、いわゆるファミリーファンド・ユニット（定期定型投資信託）と、スポット投資信託の２種類がある。

[問題15] □□□□

ETFは、日経平均などの株価指数に連動することを目的とした投資信託で、株式以外の指標に基づくものは取引されていない。

[問題16] □□□□

ETF（上場投資信託）は、ほかの証券投資信託と同様に、基準価額に基づく価格で購入・換金することができる。

解答

[問題9]　○　テ266

なお、特定資産は12種類ある。

[問題10]　×　テ266

投資信託財産総額の２分の１を超える額を、主として有価証券及び有価証券関連デリバティブ取引に係る権利等への投資として運用することを目的とする投資信託をいう。

[問題11]　×　テ266

「証券投資信託」は委託者指図型投資信託の一種であり、委託者指図型投資信託は受益権を複数の者に取得させることを目的としているものであるため、たとえ有価証券への投資運用を目的としていても、受益権が特定人にのみ与えられるものは証券投資信託に該当しない。

[問題12]　○　テ267

なお、法律上、国債、地方債、社債、コマーシャル・ペーパー（CP）、外国法人が発行する譲渡性預金証書、国債先物取引などに投資対象が限定されている証券投資信託を、公社債投資信託という。

[問題13]　×　テ267

株式の組み入れ比率30％以下の証券投資信託は、株式投資信託に分類される。公社債投資信託とは、株式を一切組み入れることができない証券投資信託のことである。

[問題14]　×　テ268

単位型投資信託には、いわゆるファミリーファンド・ユニット（定期定型投資信託）と、スポット投資信託の２種類がある。

[問題15]　×　テ268

金や為替などの価格に連動するETFもあり、取引所に上場されている。そのためETFは「株価指数連動型上場投資信託」から「上場投資信託」と呼ばれるようになった。なお、連動対象となる指標がない「アクティブ運用型ETF」も認められている。

[問題16]　×　テ268

ほかの証券投資信託と異なり、基準価額に基づく価格で購入・換金するのではなく、市場価格で売買される。

問題

[問題17] □□□□

ETF（上場投資信託）の取引単位は、すべて同一である。

[問題18] □□□□

オープンエンド型は、解約できるファンドで、クローズドエンド型は換金するためには市場で売却するしかない。

[問題19] □□□□

オープンエンド型は、発行者が発行証券を買い戻すことができるファンドであり、これにより基金の減少が絶えず行われるが、クローズドエンド型は、解約又は買戻しとこれによる基金の減少が原則として行われないため、基金の資金量が安定している。

[問題20] □□□□

オープンエンド型とクローズドエンド型では、投資対象資産の流動性が低い場合には、クローズドエンド型が向いている。

[問題21] □□□□

外国投資信託を日本で販売する場合には、日本で設定された投資信託と同じルールの下で販売が行われる。

[問題22] □□□□

外国投資信託を販売する場合は、日本証券業協会の選別基準を満たす必要がある。

[問題23] □□□□

毎月分配型投資信託は、ファンドが得た収益を超えて分配金が支払われることはない。

[問題24] □□□□

通貨選択型投資信託とは、債券や株式などの投資対象資産に加えて、為替取引の対象となる円以外の通貨も選択できるように設計された投資信託である。

[問題25] □□□□

通貨選択型投資信託は、投資対象の為替リスクに加え、換算する通貨の為替リスクを被ること、為替取引における収益も必ずしも短期金利差に一致するものではないことに注意する必要がある。

解答

［問題17］　×　テ268

ETFの取引単位は、ファンドごとに設定されており、商品ごとに異なる。

［問題18］　○　テ269

［問題19］　○　テ269

［問題20］　○　テ269

［問題21］　○　テ269

国内で公募される外国投資信託には、金商法と投信法が適用される。

［問題22］　○　テ269

［問題23］　×　テ270

毎月分配型投資信託の収益分配金は、運用の収益を超えて分配されることもある。また、分配金が支払われないこともある。

［問題24］　○　テ270

［問題25］　○　テ270

問題

[問題26] □□□□

「委託者指図型投資信託」に関して、投資信託委託会社（委託者）は、受託者と投資信託契約を締結しようとするときは、あらかじめ、当該投資信託契約に係る投資信託約款の内容を内閣総理大臣に届け出なければならない。

[問題27] □□□□

委託者指図型投資信託の投資信託約款に、元本の償還や収益の分配に関する事項は記載されるが、受託者及び委託者の受ける信託報酬その他の手数料の計算方法について記載する必要はない。

[問題28] □□□□

投資信託委託会社は、投資信託を取得しようとする者に対して、投資信託約款の内容を記載した書面を交付しなければならないが、投資信託説明書（目論見書）に投資信託約款の内容が記載されている場合は、当該書面を交付しなくてよい。

[問題29] □□□□

金融商品取引業者のうち投資信託委託業など投資運用業を行う者は、内閣総理大臣の認可を受けなければならない。

[問題30] □□□□

委託者指図型投資信託における投資信託財産の設定は、投資信託委託会社の業務である。

[問題31] □□□□

委託者指図型投資信託における投資信託財産の運用の指図は、受託会社の業務である。

[問題32] □□□□

委託者指図型投資信託における、目論見書及び運用報告書などのディスクロージャー作成は、販売会社の業務である。

[問題33] □□□□

委託者指図型投資信託の受託会社は、投資信託財産を分別保管し、委託会社の名で管理する。

解答

[問題26]　○　テ272

[問題27]　×　テ272

委託者指図型投資信託の投資信託約款には、元本の償還や収益の分配に関する事項の他、受託者及び委託者の受ける信託報酬その他の手数料の計算方法についても記載する必要がある。

[問題28]　○　テ272、294

なお、公募投資信託の場合には、通常、目論見書に投資信託約款の内容を記載し、書面の交付を省略している。

[問題29]　×　テ273

認可ではなく、登録である。

[問題30]　○　テ273

[問題31]　×　テ273～274

投資信託財産の運用指図は、投資信託委託会社の業務である。

[問題32]　×　テ273、275

目論見書、運用報告書の作成は、投資信託委託会社の業務である。なお、顧客への交付は販売会社が行う。

[問題33]　×　テ274

受託会社は投資信託財産の名義人となって、自己の名で管理する。

問題

[問題34] □□□□

委託者指図型投資信託における、受益者から買い取ったファンドの投資信託委託会社への解約請求及び受益者からの解約請求の取次ぎは、受託者の業務である。

[問題35] □□□□

委託者指図型投資信託の受益者は、投資金額に応じて、均等の権利を持っている。

[問題36] □□□□

受益者に対する分配金、償還金の支払の取扱いは、販売会社である証券会社等が行う。

[問題37] □□□□

経済・金利・企業の調査・分析を踏まえ、ベンチマークとは異なるリスクを取り、当該ベンチマークを上回る運用成果を目指す運用手法がインデックス運用である。

[問題38] □□□□

グロース株運用は、株式の価値と株価水準を比較し、割安と判断される銘柄を中心にポートフォリオを組成する運用手法である。

[問題39] □□□□

個別企業に対する調査・分析結果の積み重ねでポートフォリオを組成し、ベンチマークを上回る収益を目指していく運用手法をバリュー株運用という。

[問題40] □□□□

1社の投資信託委託会社が運用している投資信託財産合計で、同一の法人の発行する株式を30%超保有してはならないこととされている。

[問題41] □□□□

投資信託財産に組み入れられている有価証券に係る議決権を始めとする一定の株主権等の行使については、受益者が受託会社に指図する。

[問題42] □□□□

金融商品取引業者は、投資家に投資信託を販売するときは、販売後遅滞なく、当該投資家に投資信託説明書（交付目論見書）を交付しなければならない。

解答

[問題34]　×　テ274～275

販売会社の業務である。

[問題35]　×　テ274

受益者は、受益権の口数に応じて、均等の権利を持っている。

[問題36]　○　テ275

分配金や償還金の支払は、投資信託委託会社の業務であるが、支払の取扱いは、販売会社の業務である。

[問題37]　×　テ276

インデックス運用（パッシブ運用）は、東証株価指数や日経平均株価などの指数をベンチマークとし、ベンチマークにできるだけ近い運用成果を目指す運用手法のことをいう。問題文は、アクティブ運用の記述である。

[問題38]　×　テ277

グロース株運用は、企業の成長性を重視してポートフォリオを組成する運用手法である。問題文は、バリュー株運用の記述である。

[問題39]　×　テ277

バリュー株運用は、株式の価値と株価水準を比較し、割安と判断される銘柄を中心にポートフォリオを組成する運用手法である。問題文は、ボトムアップ・アプローチの記述である。

[問題40]　×　テ278

１社の投資信託委託会社が運用している投資信託財産合計で、同一の法人の発行する株式を50%超保有してはならない。

[問題41]　×　テ278

株主権等の権利行使については、投資信託委託会社が受益者に代わって受託会社に指図する。

[問題42]　×　テ279

金融商品取引業者及び登録金融機関は、投資家に投資信託を販売するときは、あらかじめ又は同時に、当該投資家に投資信託説明書（交付目論見書）を交付しなければならない。

問題

[問題43] □□□□

金融商品取引業者は、投資信託の勧誘を行う際、顧客（特定投資家を除く）が負担する費用について、購入代金に応じた販売手数料の金額についても説明しなければならない。

[問題44] □□□□

NISA口座を利用した投資信託の販売に当たっては、追加型株式投資信託の分配金のうち元本払戻金（特別分配金）は、NISAの制度上の非課税のメリットを享受できない旨を顧客に説明する必要がある。

[問題45] □□□□

協会員である投資信託の販売会社は、顧客に対し投資信託に係るトータルリターン（損益）を年１回以上通知しなければならない。

[問題46] □□□□

単位型投資信託の１口当たり元本価格（額面）は、一般的に１口当たり１円である。

[問題47] □□□□

同じ株式投資信託であっても、募集手数料は販売会社により異なることがある。

[問題48] □□□□

ブラインド方式は、申込時点において基準価額が明らかになっていない方式のことをいい、この方式によってフリーランチを防止し、金融商品市場の公平性を保つことになる。

[問題49] □□□□

投資信託には、投資信託約款によりあらかじめ解約請求することができない期間を定める場合があり、この期間を無分配期間という。

[問題50] □□□□

追加型株式投資信託の換金請求の受付時限は、遅くとも午後５時と定められている。

[問題51] □□□□

単位型投資信託は、信託期間の途中で償還されることはない。

解答

［問題43］ ○ 　テ280

［問題44］ ○ 　テ35、281

元本払戻金（特別分配金）は、各受益者の個別元本の払い戻しとみて非課税となるためである。

［問題45］ ○ 　テ281

［問題46］ × 　テ283

単位型投資信託の１口当たり元本価格（額面）は、一般的に1口当たり１万円である。

［問題47］ ○ 　テ283，285

募集手数料は、販売会社が独自に定める。そのため販売会社により異なることがある。

［問題48］ ○ 　テ285

［問題49］ × 　テ287

投資信託約款において解約請求することができない期間を、クローズド期間という。

［問題50］ × 　テ285，287

換金請求の受付時限は、遅くとも午後３時と定められている。これはブラインド方式を維持するためのものである。

［問題51］ × 　テ288

投資信託委託会社の判断による信託期間の更新（償還延長）や、投資信託約款の定めにより信託期間中の償還（繰上償還）がある。

問題

[問題52] □ □ □ □

MRFの募集単位は、１万口（１口１円）である。

[問題53] □ □ □ □

MRF（証券総合口座専用ファンド）の換金代金の支払いは、換金申込日から起算して４営業日目に行われる。

[問題54] □ □ □ □

MRF（証券総合口座専用ファンド）の換金代金の支払いとして、キャッシングの制度はない。

[問題55] □ □ □ □

長期公社債投信（追加型）については、最大500万円までのキャッシング（即日引出）が認められている。

[問題56] □ □ □ □

追加型株式投資信託の分配金については、分配落後の基準価額がその投資家の個別元本を下回る部分に相当する分配金額を元本払戻金（特別分配金）、残余の分配金額を普通分配金とする。

[問題57] □ □ □ □

元本払戻金（特別分配金）の支払いを受けた投資家については、個別元本から元本払戻金（特別分配金）を控除した額が、当該受益者のその後の個別元本となる。

[問題58] □ □ □ □

追加型株式投資信託の元本払戻金（特別分配金）は課税の対象となり、普通分配金は各受益者の個別元本の払戻しとみて非課税となる。

[問題59] □ □ □ □

投資信託委託会社は、１年に１回、運用報告書を作成し、受益者に交付しなければならない。

[問題60] □ □ □ □

投資法人は、資産の運用以外の行為も営業としてすることができる。

解答

[問題52] × テ289

募集単位は、1口（1口1円）である。

[問題53] × テ289

MRFの換金代金の支払いは、午前中に解約を受け付け、かつ、投資家が当日支払を希望した場合のみ当日（即日解約）、それ以外は翌営業日である。

[問題54] × テ289

MRF（証券総合口座専用ファンド）の換金代金の支払いとして、キャッシングの制度がある。キャッシング制度により翌営業日に行われる換金代金の支払いまでの間、限度額500万円まで借入れが可能である。

[問題55] × テ289

長期公社債投信にはキャッシングが認められていない。なお、キャッシングが認められているのは、MRF、MMFである。

[問題56] ○ テ290

[問題57] ○ テ290

[問題58] × テ290

普通分配金は課税の対象となり、元本払戻金（特別分配金）は各受益者の個別元本の払戻しとみて非課税となる。

[問題59] × テ294

投資信託委託会社は、各投資信託財産の決算期末ごとに遅滞なく運用報告書を作成し、受益者に交付しなければならない。

[問題60] × テ296

投資法人は、資産運用以外の行為を営業することはできない。

問題

[問題61] □□□□

投資法人は、資産運用業務を資産運用会社に委託しなければならない。

[問題62] □□□□

投資法人は、資産運用業務の内容が明示されていれば、その商号中に必ずしも「投資法人」という文字を用いる必要はない。

[問題63] □□□□

投資法人における設立企画人は、主として投資の対象とする特定資産と同種の資産を運用の対象とする投資運用業の登録を受けた金融商品取引業者や信託会社等である。

[問題64] □□□□

投資法人の規約には、投資法人が常時保持する最低限度の純資産額が記載されており、その額は１億円以上とされている。

[問題65] □□□□

投資法人制度において、投資規約に記載すべき事項の１つに「発行することができる投資口の総口数」がある。

[問題66] □□□□

投資法人の成立時の出資総額は、設立の際に発行する投資口の払込金額の総額であるが、その金額には特段の定めはない。

[問題67] □□□□

投資法人は、設立については登録制を採用しているが、業務については免許制を採用している。

[問題68] □□□□

投資法人の執行役員は、投資主総会で選任されるが、その数は１人又は２人以上とされている。

[問題69] □□□□

投資法人の監督役員である者は、当該投資法人の執行役員を兼任することはできない。

[問題70] □□□□

一般投資家が上場不動産投資法人の投資口を売買するには、当該投資法人と相対取引により売買しなければならない。

解答

[問題61]　○　テ296、299

[問題62]　×　テ296

投資法人は、その商号中に「投資法人」という文字を用いなければならない。

[問題63]　○　テ297

[問題64]　×　テ297

最低純資産額は、5,000万円以上と定められている。

[問題65]　○　テ297

[問題66]　×　テ297

投資法人の設立時の出資総額は、1億円以上と定められている。

[問題67]　×　テ297

設立については届出制、業務については登録制を採用している。

[問題68]　○　テ298

[問題69]　○　テ298

[問題70]　×　テ299

一般投資家が上場不動産投資法人の投資口を売買するには、上場株式と同様、取引所参加者（証券会社）を通じて、金融商品取引所で行う。

問題

選択問題

[問題71] □□□□

次の文章のうち、正しいものの番号を２つマークしなさい。

1．株式の組入比率が30％未満である証券投資信託は公社債投資信託と呼ばれる。
2．契約型投資信託も会社型投資信託も、ファンド自体に法人格はない。
3．私募投資信託は、オーダーメイド的な性格が強いことから、運用やディスクロージャーに関する規制は、公募投資信託よりも緩やかなものとなっている。
4．単位型投資信託のうち、その時々の投資家のニーズや株式市場、債券市場等のマーケットの状況に応じて、これに適合した仕組みの投資信託をタイムリーに設定するものをスポット投資信託という。
5．投資信託委託会社になるためには、内閣総理大臣（金融庁長官）の認可を受けなければならない。

[問題72] □□□□

次のイ～ニの「ETF（上場投資信託）」に関する文章のうち、正しいものを組み合わせている番号を１つマークしなさい。

イ．一般投資家が取得する場合は、上場株式と同様の方法で取引が行われる。
ロ．売買注文は、指値注文に限られており、成行注文は認められていない。
ハ．ETFは、同じ取引単位で取引が行われている。
ニ．ETFの収益分配金には、普通分配金と元本払戻金（特別分配金）の区別がない。

1．イ、ロ、ハ及びニ
2．イ、ロ及びハ
3．イ、ロ及びニ
4．イ及びニ
5．ハ及びニ

解答

[問題71]　3、4　テ263〜264、267〜268、273

1．×　公社債投資信託とは、株式を一切組入れることができない証券投資信託をいう。

2．×　会社型投資信託には、ファンド自体に法人格がある。

3．○

4．○

5．×　金融商品取引業者の投資運用業として内閣総理大臣（金融庁長官）の登録を受けたものでなければ、投資信託委託会社になることはできない。

[問題72]　4　テ268

イ．○

ロ．×　売買注文は、指値注文及び成行注文が認められている。

ハ．×　ETFの取引単位はファンドごとに設定されている。

ニ．○

問題

[問題73] □□□□

次の文中の（　　）に当てはまる語句を下の語群から選んでいる選択肢の番号を１つマークしなさい。

（ イ ）は、投資家が解約できるファンドであり、基金の資金量は安定していない。換金は、純資産価格（基準価額）に基づいて行われる。一方、（ ロ ）は、投資家が解約できないファンドであり、基金の資金量は安定している。換金するためには、市場で売却するしかない。

わが国の投資信託は、単位型であっても（ ハ ）の範疇に入る。

不動産を主な投資対象とする投資信託は、通常、投資主に対し投資口の払戻しを行わない（ ニ ）の会社型（投資法人）として組成され、その発行する投資証券は取引所金融商品市場に上場され売買されている。

〈語群〉

ａ．オープンエンド型

ｂ．クローズドエンド型

1．イ－ａ、ロ－ｂ、ハ－ａ、ニ－ａ
2．イ－ａ、ロ－ｂ、ハ－ａ、ニ－ｂ
3．イ－ａ、ロ－ｂ、ハ－ｂ、ニ－ｂ
4．イ－ｂ、ロ－ａ、ハ－ａ、ニ－ｂ
5．イ－ｂ、ロ－ａ、ハ－ｂ、ニ－ａ

[問題74] □□□□

次の文章のうち、正しいものの番号を１つマークしなさい。

1．外国投資信託とは、投資信託財産を主として外国の有価証券、外国の不動産等に投資するものをいう。
2．委託者指図型投資信託において、投資信託財産の名義人となって分別保管し、自己の名で管理するのは、投資信託委託会社の業務である。
3．投資法人の規約は、設立企画人が作成しなければならない。
4．単位型投資信託の募集（販売）手数料は、同じファンドであれば、販売会社によって異なることはない。
5．長期公社債投信（追加型）の換金代金の支払いとして、キャッシングの制度がある。

解答

[問題73]　2　テ269

なお、正しい文章は次のとおりとなる。

（イ　a. オープンエンド型）は、投資家が解約できるファンドであり、基金の資金量は安定していない。換金は、純資産価格（基準価額）に基づいて行われる。一方、（ロ　b. クローズドエンド型）は、投資家が解約できないファンドであり、基金の資金量は安定している。換金するためには、市場で売却するしかない。

わが国の投資信託は、単位型であっても（ハ　a. オープンエンド型）の範疇に入る。

不動産を主な投資対象とする投資信託は、通常、投資主に対し投資口の払戻しを行わない（ニ　b. クローズドエンド型）の会社型（投資法人）として組成され、その発行する投資証券は取引所金融商品市場に上場され売買されている。

10・投信業務

[問題74]　3　テ269、273～274、283、289、297

1．×　外国投資信託とは、外国において外国の法令に基づいて設定された信託で、投資信託に類するもののことである。
2．×　受託会社の業務である。
3．○
4．×　募集（販売）手数料は販売会社が定めるため、同じファンドであっても販売会社により異なることがある。
5．×　長期公社債投資信託にはキャッシングの制度は設けられていない。

問題

[問題75] □□□□

次の文章のうち、「証券総合口座用ファンド（MRF）」に関する記述として正しいものの番号を1つマークしなさい。

1．決算は毎月行われ、分配金は毎月末に再投資される。
2．株式投資信託に分類される。
3．換金代金の支払日は、通常、換金請求日から起算して4営業日目の日とされている。
4．キャッシング（即日引出）が可能である。
5．中期国債を主要な投資対象とする。

[問題76] □□□□

ある個人が、以下の追加型株式投資信託の収益分配金を受け取る場合の普通分配金として正しいものの番号を1つマークしなさい。

分配落ち前の基準価額	12,000円
個別元本	11,200円
1万口当たりの収益分配金	1,500円

1．0円　2．700円　3．800円
4．1,000円　5．1,500円

[問題77] □□□□

ある個人が、以下の追加型株式投資信託の収益分配金を受け取る場合の100万口（1口当たり1円）の源泉徴収税額として正しいものの番号を1つマークしなさい。なお、復興特別所得税については、考慮するものとする。また、税額の円未満は切り捨てること。

分配落ち前の基準価額	11,000円
個別元本	9,500円
1万口当たりの収益分配金	2,000円

1．15,220円　2．30,472円　3．32,504円
4．36,567円　5．40,630円

解答

[問題75]　4　テ267、285、289、305

1．×　決算は毎日行われ、分配金は毎月末に再投資される。

2．×　公社債投資信託に分類される。

3．×　換金代金の支払日は、翌営業日である。ただし、午前中に解約を受け付け、かつ投資家が当日支払を希望した場合のみ当日から支払われる。

4．○

5．×　MRF等公社債投信の投資対象は、国債、地方債、社債、コマーシャル・ペーパー、外国法人が発行する譲渡性預金証書、国債先物取引などである。

[問題76]　3　テ290～291

分配落後の基準価格＝12, 000円－1, 500円＝10, 500円

「個別元本＞分配落後の基準価額」なので「個別元本－分配落後の基準価額」が元本払戻金（特別分配金）となる。

元本払戻金（特別分配金）＝11, 200円－10, 500円＝700円

普通分配金＝1, 500円－700円＝800円

[問題77]　2　テ290～292

分配落後の基準価額＝11, 000円－2, 000円＝9, 000円

「個別元本＞分配落後の基準価額」なので「個別元本－分配落後の基準価額」が元本払戻金（特別分配金）となる。

元本払戻金（特別分配金）＝9, 500円－9, 000円＝500円

普通分配金＝2, 000円－500円＝1, 500円

普通分配金に係る源泉徴収税率は所得税15％、復興特別所得税0. 315％及び住民税５％の合計20. 315％である。

$$源泉徴収税額＝\frac{100万口}{10,000口}×1,500円×20.315\%＝30,472.5円＝30,472円$$

11 付随業務

○×問題 以下について、正しければ○を、正しくなければ×をつけなさい。

[問題1] □□□□

付随業務とは、金融商品取引業に付随する業務として内閣総理大臣への届出や承認を受けることなく行うことができる業務である。

[問題2] □□□□

投資運用業者は、金融商品取引業に付随する業務を行うことができる。

[問題3] □□□□

有価証券に関連する情報の提供又は助言は、付随業務に該当する。

[問題4] □□□□

他の事業者の経営に関する相談は、付随業務に該当する。

[問題5] □□□□

信用取引に付随する金銭の貸付けは、金融商品取引業の付随業務に該当しない。

[問題6] □□□□

累積投資契約の締結は、付随業務に該当しない。

[問題7] □□□□

有価証券の売買の媒介、取次ぎ又は代理は、付随業務に含まれる。

[問題8] □□□□

元引受け業務は、付随業務に該当する。

[問題9] □□□□

有価証券の貸借又はその媒介若しくは代理は、金融商品取引業者の本来の業務である。

[問題10] □□□□

株券等貸借取引等は、付随業務に含まれる。

解答

【問題1】 ○ 　テ20、304

【問題2】 ○ 　テ20、304

【問題3】 ○ 　テ304

【問題4】 ○ 　テ304

【問題5】 × 　テ20、304

信用取引に付随する金銭の貸付けは、金融商品取引業の付随業務である。

【問題6】 × 　テ20、304、306

累積投資契約の締結は、付随業務に該当する。

【問題7】 × 　テ18、304

有価証券の売買の媒介、取次ぎ又は代理は、付随業務ではなく金融商品取引業者の本来の業務である。

【問題8】 × 　テ19、304

元引受け業務は、付随業務ではなく金融商品取引業者の本来の業務である。

【問題9】 × 　テ304～305

有価証券の貸借又はその媒介若しくは代理は、金融商品取引業者の付随業務である。

【問題10】 ○ 　テ304～305

問題

[問題11] □□□□

累積投資契約において取り扱うことができる有価証券の種類は、上場株券、国債・地方債等の債券及び投資信託の受益証券などである。

[問題12] □□□□

累積投資契約の対象有価証券には、非上場株券は含まれない。

[問題13] □□□□

株式累積投資は、単元未満株を任意の時に買付けができ、任意の時に単元未満株のまま売り付けることができる。

[問題14] □□□□

株式ミニ投資は、任意の時に単元未満株のまま機動的に任意の銘柄の買い付けを行い、また買い付けた単元未満株を単元未満株のまま売り付けることができる。

[問題15] □□□□

ドル・コスト平均法は、株価の値動きやタイミングに関係なく、株式を定期的に継続して一定金額ずつ購入していく方法である。

[問題16] □□□□

株式累積投資を通じた株式の買付けについても、インサイダー取引規制の適用対象となる。

[問題17] □□□□

累積投資契約の解約の申込みの受入れは、累積投資業務に係る代理業務に含まれる。

[問題18] □□□□

有価証券の買付けの代理は、累積投資業務に係る代理業務に含まれる。

解答

[問題11]　○　テ306

[問題12]　○　テ306

累積投資契約の対象有価証券には、上場株券は含まれるが、非上場株券は含まれない。

[問題13]　×　テ194〜195、306

株式累積投資は、毎月一定日に、特定の銘柄を株価水準に関係なく一定の金額で買い付ける。なお、売付けは任意の時に行うことができる。問題文は、株式ミニ投資の記述である。

[問題14]　○　テ195、306

[問題15]　○　テ194、307

[問題16]　×　テ307

株式累積投資を通じた株式の買付けについて、定時定額の払込金をもって機械的にその株式を買い付けている場合には、インサイダー取引規制の適用が除外される。

[問題17]　○　テ307

[問題18]　×　テ20、307

有価証券の買付けの代理は、金融商品取引業者の本来の業務である。

問題

選択問題

[問題19] □□□□

次の文章のうち、正しいものの番号を2つマークしなさい。

1. 付随業務は、内閣総理大臣の届出が必要である。
2. 信用取引における金銭の貸付けは、付随業務に該当しない。
3. 元引受け業務は、付随業務に該当する。
4. 株券等貸借取引は、付随業務に該当する。
5. 株式ミニ投資は、任意の時に単元未満株のまま機動的に任意の銘柄の買付けを行い、また買付けた単元未満株を単元未満株のまま売り付けることができる。

[問題20] □□□□

次のうち、「金融商品取引業者の付随業務」に該当しないものの番号を1つマークしなさい。

1. 信用取引に付随する金銭の貸付け
2. 有価証券の貸借又はその媒介若しくは代理
3. 有価証券の売買の媒介、取次ぎ又は代理
4. 累積投資契約の締結
5. 投資法人の発行する有価証券に係る金銭の分配、払戻金又は残余財産の分配又は利息若しくは償還金の支払に係る業務の代理

[問題21] □□□□

次の文章のうち、正しいものの番号を2つマークしなさい。

1. 株式累積投資は、任意の時に単元未満株のまま機動的に任意の銘柄の買い付けを行い、また買い付けた単元未満株を単元未満株のまま売り付けることができる。
2. 株式累積投資は、特定の銘柄を株価の値動きに関係なく、一定の金額で買い付ける方法であり、ドル・コスト平均法と呼ばれる。
3. 第一種金融商品取引業者が付随業務を行うには、金融商品取引所に届け出なければならない。
4. 累積投資契約の対象有価証券には、非上場株式は含まれない。
5. 投資運用業者は、付随業務を行うことができない。

解答

[問題19]　4、5　テ19～20、195、304～306

1．×　付随業務は、内閣総理大臣の届出や承認を受けることなく行うことができる業務である。

2．×　信用取引における金銭の貸付けは、付随業務に該当する。

3．×　元引受け業務は、付随業務ではなく金融商品取引業者の本来の業務である。

4．○

5．○

[問題20]　3　テ18、20、304～306

1．○

2．○

3．×　有価証券の売買の媒介、取次ぎ又は代理は、金融商品取引業者の本来の業務である。

4．○

5．○

[問題21]　2、4　テ20、194～195、304、306～307

1．×　株式累積投資は、毎月一定日に、特定の銘柄を株価水準に関係なく一定の金額で買い付ける。問題文は、株式ミニ投資の記述である。

2．○

3．×　付随業務は、内閣総理大臣の届出や承認を受けることなく行うことができる業務である。

4．○

5．×　投資運用業者は、付随業務を行うことができる。

12 株式会社法概論

○×問題 以下について、正しければ○を、正しくなければ×をつけなさい。

【問題1】 □□□□

会社法上の会社は、株式会社、合名会社、合資会社、合同会社である。

【問題2】 □□□□

合同会社は、無限責任社員及び有限責任社員がそれぞれ1名以上いなければならない。

【問題3】 □□□□

合名会社の無限責任社員とは、会社の債務につき、債権者に対して直接・連帯・無限の責任を負う社員である。

【問題4】 □□□□

株式会社の最低資本金は、300万円とされている。

【問題5】 □□□□

会社法において、大会社とは、資本金の額が10億円以上又は負債総額が100億円以上の株式会社をいう。

【問題6】 □□□□

株式会社の機関のうち、すべての株式会社が備えなければならないのは、株主総会と取締役だけである。

【問題7】 □□□□

株式会社を設立するための発起人は自然人に限られるので、法人は発起人になることはできない。

【問題8】 □□□□

株式会社の設立に際し、発行する株式の全部を発起人だけで引き受けて設立することを発起設立という。

解答

【問題1】 ○ テ310

【問題2】 × テ310

合同会社は、有限責任社員のみであり、無限責任社員はいない。問題文は、合資会社の記述である。

【問題3】 ○ テ310

【問題4】 × テ311

会社法では、資本金の額に関する規定はない。したがって、資本金１円の株式会社も設立できる。

【問題5】 × テ311

大会社とは、資本金の額が５億円以上又は負債総額が200億円以上の株式会社をいう。

【問題6】 ○ テ311

【問題7】 × テ312

株式会社の発起人は、自然人（個人）に限らず、法人も発起人になれる。

【問題8】 ○ テ312

なお、発起人が発行する株式の一部を引き受け、残りについて株主を募集することを募集設立という。

問題

[問題9] □□□□

株式会社を設立するには、発起人は１人でもよく、また、株主数が１人だけの株式会社を設立することもできる。

[問題10] □□□□

株式を併合すると、発行済株式は減り、１株当たりの実質価値は小さくなる。

[問題11] □□□□

単元株制度とは、一定の単位数の株式を持つ株主にだけ議決権を認める制度であり、単元株式数は100以下かつ発行済株式総数の200分の１以下と定められている。

[問題12] □□□□

単元未満株式しか持っていない株主も、議決権を有することとされている。

[問題13] □□□□

２種類以上の株式が併存する会社を、種類株式発行会社という。

[問題14] □□□□

会社法では、会社が発行する全部の株式について、又は一部の種類の株式について譲渡を制限することができる。

[問題15] □□□□

株式にはすべて同じ内容の権利があり、株主はそれぞれの持株数に比例して会社に対する権利を持っている。

[問題16] □□□□

少数株主権とは、１株しか持たない株主でも行使できる権利のことをいう。

[問題17] □□□□

株主が有する権利のうち、株主提案権、取締役・会計参与・監査役の解任を求める権利及び帳簿閲覧権は、少数株主権に含まれる。

解答

[問題９]　○　テ312

[問題10]　×　テ313

株式を併合すると、発行済株式は減るが、１株当たりの実質価値は大きくなる。なお、株式併合は、株式分割の逆である。

[問題11]　×　テ313

単元株制度とは、一定の単位数の株式を持つ株主にだけ議決権を認める制度であり、単元株式数は1,000以下かつ発行済株式総数の200分の１以下と定められている。なお、証券取引所の売買単位は、100株に統一されている。

[問題12]　×　テ313

単元未満株式しか持っていない株主には、議決権がない。また、株主総会の招集通知もされない。

[問題13]　○　テ314

[問題14]　○　テ314

[問題15]　○　テ315

なお、これを「株主平等の原則」という。

[問題16]　×　テ315

少数株主権とは、一定割合以上の議決権を持った株主だけが行使できる権利をいう。問題文は単独株主権の記述である。

[問題17]　○　テ315

問題

[問題18] □□□□

株式会社が自己株式を取得することは、出資の払い戻しと同じであるため全面的に禁止されてる。

[問題19] □□□□

株式会社が取得した自己株式についても、議決権や剰余金の配当を受ける権利がある。

[問題20] □□□□

新株発行の効力発生前に、株主となる権利を譲渡した場合、当事者間でも会社との間でも、その譲渡は有効である。

[問題21] □□□□

株式会社は、定款に記載がなければ株券を発行することはできない。

[問題22] □□□□

株主総会には定時総会と臨時総会があり、このうち定時総会とは、毎決算期ごとに１回、その年度の会社の成果を検討するために開催されるものをいう。

[問題23] □□□□

議決権総数の５％以上の株式を（公開会社では引続き６ヵ月以上）保有していなければ、株主は、取締役に株主総会の招集を請求することができない。

[問題24] □□□□

株主総会では、各株主の投下した資本の額に比例して議決権が与えられる。

[問題25] □□□□

株主総会には、株主本人が出席する必要があり、代理人による議決権の行使が認められていない。

解答

[問題18]　×　テ315

自己株式の取得は、禁止されているわけではない。会社が自社の発行する株式を取得すると、出資の払戻しと同じ結果になる。その価格によっては株主間に不平等をもたらすため、自己株式の取得や処分については、手続き、財源、買付け方法や取締役の責任などが定められている。

[問題19]　×　テ316

会社が取得した自己株式には、議決権や剰余金の配当を受ける権利はない。

[問題20]　×　テ316

会社の設立登記前や新株発行の効力発生前など、株式が発行されていない段階で株主となる権利（権利株）を譲渡した場合、当事者間では、その譲渡は有効であるが、会社には対抗できない。

[問題21]　○　テ316

なお、会社法は、株券のない会社を原則としている。また、株券の発行を定款で定めている会社を「株券発行会社」という。

[問題22]　○　テ317

[問題23]　×　テ317

議決権総数の３％以上の株式を（公開会社では引き続き６ヵ月以上）保有している少数株主は、取締役に株主総会の招集を請求することができる。

[問題24]　○　テ317

１株１議決権（単元株制度をとる会社は１単元１議決権）の原則といわれる。

[問題25]　×　テ317

株主総会には、株主本人が出席する必要はなく、代理人による議決権の行使が認められている。

問題

[問題26] □□□□

株主総会の普通決議は、議決権の過半数に当たる株式を持つ株主が出席し、出席株主の議決権の過半数が賛成することが必要であるが、この決議要件は一部を除き、定款に定めることにより変更することができる。

[問題27] □□□□

株主総会の特別決議においては、原則として議決権の過半数に当たる株式を持つ株主が出席し、出席株主の議決権の４分の３以上の賛成を得ることが求められる。

[問題28] □□□□

資本金の額の減少は、株主総会の普通決議による決議事項である。

[問題29] □□□□

株主総会の議事録は、本店（10年間）及び支店（写しを５年間）に備え置かれ、株主及び会社債権者の閲覧に供される。

[問題30] □□□□

取締役会設置会社には、３名以上の取締役が必要であり、取締役会を置かない会社は１人でも構わない。

[問題31] □□□□

取締役の選任と解任は、株主総会の特別決議事項である。

[問題32] □□□□

取締役に欠員が出た場合、新取締役が就任するまでの間、監査役に取締役を兼任させることができる。

[問題33] □□□□

取締役が会社と取引する、あるいは取締役の債務を会社が保証する等、両者の利益が相反する取引については、取締役会の承認を受けなければならない。

[問題34] □□□□

取締役の報酬は、定款か監査役会で定められるものとされている。

解答

[問題26]　○　　テ318

[問題27]　×　　テ318

株主総会の特別決議においては、議決権の過半数（定款で３分の１までは引き下げられる）に当たる株式を持つ株主が出席し、出席株主の議決権の３分の２以上の賛成を得ることが求められる。

[問題28]　×　　テ318

資本金の額の減少は、株主総会の特別決議による決議事項である。

[問題29]　○　　テ318

[問題30]　○　　テ318

[問題31]　×　　テ318

取締役の選任と解任は、株主総会の普通決議事項である。

[問題32]　×　　テ318

取締役に欠員が出た場合、新取締役の就任までの間、退任取締役が職務を続ける。

[問題33]　○　　テ319

その他、取締役が会社の事業と同種の取引をする場合や、競争会社の代表者として取引するときも、取締役会の承認を受けなければならない。

[問題34]　×　　テ319

取締役の報酬は、定款か株主総会決議で決めるものとされている。

問題

[問題35] □□□□

取締役が任務を怠ったために会社に損害が出るとその賠償責任を負うが、この責任を免除するには、原則として株主の過半数の同意が必要である。

[問題36] □□□□

取締役会の決議は頭数の多数によるが、代理人の投票ができる。

[問題37] □□□□

代表取締役の解職は、株主総会の普通決議事項である。

[問題38] □□□□

取締役会設置会社は、社債の発行、株式の分割、自己株式の消却について、取締役会の決議で定めなければならない。

[問題39] □□□□

取締役会設置会社には、原則として代表取締役が１名以上必要である。

[問題40] □□□□

すべての株式会社は、監査役を置かなければならない。

[問題41] □□□□

監査役は、会社又は子会社の取締役・会計参与・執行役や使用人を兼ねることはできない。

[問題42] □□□□

監査役会を置く会社の監査役は３名以上必要とされ、その過半数が社外監査役でなければならない。

[問題43] □□□□

大会社は必ず会計監査人を置かなければならなず、会社と利害関係が密な者は除かれる。

解答

［問題35］　×　テ319

賠償責任を免除するには、原則として株主全員の同意が必要である。

［問題36］　×　テ319

取締役会の決議において、代理人の投票は許されない。また、決議に利害関係をもつ取締役は投票できない。

［問題37］　×　テ319〜320

代表取締役の選定、解職は取締役会の決議事項である。

［問題38］　○　テ313、319

［問題39］　○　テ320

［問題40］　×　テ320

取締役会設置会社及び会計監査人設置会社（いずれも監査等委員会設置会社及び指名委員会等設置会社を除く）には監査役が必要だが、全部の株式に譲渡制限をつけていると、会計参与を置けば監査役を置かないこともできる。

［問題41］　○　テ320

［問題42］　×　テ320

監査役会を置く会社の監査役は３名以上必要とされ、その半数以上（過半数ではない）が社外監査役でなければならない。

［問題43］　○　テ321

なお、会計監査人になることができるのは、公認会計士か監査法人に限られている。

問題

[問題44] □ □ □ □

会計監査人になることができるのは、公認会計士か監査法人に限られ、会社と利害関係が密な者は除かれる。

[問題45] □ □ □ □

会計監査人及び会計参与の選任・解任は、原則として取締役会で決議する。

[問題46] □ □ □ □

指名委員会等設置会社には、代表取締役を置かなければならない。

[問題47] □ □ □ □

指名委員会等設置会社には、監査役を置かなければならない。

[問題48] □ □ □ □

株式会社は、貸借対照表や損益計算書について、それぞれの会社が備える監査機関の監査を受けなければならない。

[問題49] □ □ □ □

大会社が定時総会後公告しなければならないのは、貸借対照表のみである。

[問題50] □ □ □ □

帳簿閲覧権は、議決権又は発行済株式の３％以上を持つ少数株主だけに認められている。

[問題51] □ □ □ □

分配可能額がないのに行われた配当は無効であり、会社債権者は、株主に対してそれを会社へ返還するよう要求ができ、取締役も違法配当に対して弁済責任を負う。

[問題52] □ □ □ □

配当は、金銭で支給しなければならない。

解答

[問題44]　○　テ321

[問題45]　×　テ321

会計監査人及び会計参与の選任・解任は、株主総会で決議する。

[問題46]　×　テ321

指名委員会等設置会社は、（代表）執行役が代表取締役の役割を担うので、代表取締役を置かない。

[問題47]　×　テ320～321

指名委員会等設置会社には監査委員会があるので、監査役を置くことはできない。

[問題48]　○　テ322

[問題49]　×　テ322

大会社は、貸借対照表のほか、損益計算書も公告しなければならない。

[問題50]　○　テ315、322

[問題51]　○　テ323

[問題52]　×　テ323

剰余金の配当は、金銭以外の財産を支給する方法（現物配当）をとることができる。

問題

[問題53] □□□□

剰余金の配当は、期末配当及び中間配当のみが認められ、年に３回以上配当することは禁止されている。

[問題54] □□□□

会社を設立する時は、定款に定めた発行可能株式総数の10分の１以上を発行すれば足りる。

[問題55] □□□□

新株予約権付社債は、社債部分と新株予約権部分のいずれかが消滅しない限り、社債と新株予約権を分離して譲渡することはできない。

[問題56] □□□□

会社が合併する場合、解散する会社の資産は新設会社又は存続会社に承継するが、解散する会社の負債は承継させないことができる。

[問題57] □□□□

会社の分割のうち、会社の事業の１部門を切り離して別会社として独立させる方法を新設分割といい、切り離した部門を既存の別会社に承継させる方法を吸収分割という。

[問題58] □□□□

会社の分割の無効は、１年内に起こす訴えによらないと主張できない。

[問題59] □□□□

会社が事業の全部を譲渡した場合でも、当該会社は当然には解散はしない。

[問題60] □□□□

株式会社の解散の事由の１つに、株主総会の特別決議がある。

解答

[問題53]　×　テ323

配当は、株主総会で決議するが、定時総会である必要はなく、決算期とは別に臨時決算日を定め、その日現在の臨時計算書類を株主総会、又は要件を満たす場合には、取締役会で承認すると、それに基づいて年に何度でも配当することができる。四半期配当も可能である。

[問題54]　×　テ324

会社を設立する時は、定款に定めた発行可能株式総数の４分の１以上を発行すれば足りる。残りは必要に応じて、取締役会の決議で随時発行することができる。

[問題55]　○　テ247、327

[問題56]　×　テ325

会社が合併する場合、解散する会社の財産は、包括的に新設会社又は存続会社に移転する。つまり、資産だけでなく負債についても移転する。

[問題57]　○　テ325

[問題58]　×　テ325

分割の無効は６ヵ月内に起こす訴えによらないと主張できない。なお、分割を無効とする判決の効力は過去に遡らない。また、分割に反対の株主は株式買取請求権を行使できる。

[問題59]　○　テ326

[問題60]　○　テ318、326

なお、株式会社の解散の事由はほかにも、合併や破産、定款に定めた存続期間の満了などがある。

問題

選択問題

[問題61] □□□□

次の文章のうち、正しいものの番号を２つマークしなさい。

1．会社法では、株式会社の資本金は1,000万円以上でなければならないと定められている。
2．会社法では、会社の形態として株式会社、合名会社、合資会社、合同会社の４種類を規定している。
3．会社法で定める大会社の範囲は、資本金５億円以上かつ負債総額200億円以上の株式会社とされる。
4．株式会社の設立に当たって、発起人は１人でもよく、また、株主数が１人だけの株式会社を設立することもできる。
5．株式会社の設立の無効を主張できる者は、当該株式会社の取締役に限られ、その設立登記の日から２年以内に裁判所へ訴えることによって無効を主張することができる。

[問題62] □□□□

次の文章のうち、誤っているものの番号を１つマークしなさい。

1．取締役が自社と取引するには、監査役会（監査役会を設置しない会社では株主総会）の承認が必要である。
2．指名委員会等設置会社には、会計監査人が必要である。
3．合名会社の無限責任社員は、会社の債務について、債権者に対して直接・連帯・無限の責任を負う社員である。
4．一定の要件を満たせば取締役会で承認すると、それに基づいて年に何回でも配当をすることができる。
5．株主総会の特別決議事項に、合併は含まれる。

解答

[問題61]　2、4　　テ310～312

1．×　会社法では、株式会社の資本金が何円以上でなければならないという定めはない。したがって、資本金１円の株式会社も設立できる。

2．○　なお、このうち合名会社、合資会社、合同会社をまとめて「持分会社」と呼ぶ。

3．×　大会社の範囲は、資本金５億円以上又は負債総額200億円以上の株式会社とされる。

4．○

5．×　株式会社の設立の無効を主張できるのは、当該株式会社の株主と取締役に限られる。

[問題62]　1　　テ310、318～319、321、323

1．×　取締役が自社と取引するには、取締役会（取締役会を設置しない会社では株主総会）の承認が必要である。

2．○　なお、指名委員会等設置会社は、監査役及び監査役会を置かない。

3．○

4．○　なお、剰余金の配当はその都度、株主総会で決議することが原則であり、一定の要件を満たせば取締役会で承認すると、それに基づいて年に何回でも配当をすることができる。

5．○

13 財務諸表と企業分析

○×問題 以下について、正しければ○を、正しくなければ×をつけなさい。

［問題1］ □□□□

貸借対照表は、一定時点における企業の財政状態を示す一覧表である。

［問題2］ □□□□

損益計算書は、一定期間における企業の利益稼得過程を表示するものであり、これによって「経営成績」の評価が把握できる。

［問題3］ □□□□

流動資産の棚卸資産には、販売資産となるために生産過程の途中にある資産である半製品や製品が含まれる。

［問題4］ □□□□

貸借対照表において、土地・建物・構築物、機械及び装置は、固定資産のうち有形固定資産に分類される。

［問題5］ □□□□

当座資産とは、販売過程を経ることなく比較的短期間に容易に現金化する資産をいい、現金、預金のほか、半製品や仕掛品もこれに含まれる。

［問題6］ □□□□

損益計算書において、受取利息は営業外費用に分類される。

［問題7］ □□□□

連結財務諸表において支配力基準とは、議決権の所有割合が50%以下であっても、当該会社を事実上支配している場合には連結の範囲に含めようとするものである。

［問題8］ □□□□

親会社は、すべての子会社について連結財務諸表の作成の対象に含めなければならない。

解答

［問題1］ ○ テ330

［問題2］ ○ テ330

［問題3］ ○ テ331

［問題4］ ○ テ331

［問題5］ × テ331

当座資産には、半製品、仕掛品は含まれない。これらは棚卸資産である。当座資産には、現金、預金のほか、受取手形や売掛金が含まれる。

［問題6］ × テ333

受取利息は、営業外収益に分類される。

［問題7］ ○ テ335

［問題8］ × テ335

親会社は、原則としてすべての子会社を連結の範囲に含めなければならないが、支配が一時的であると認められる会社等、連結することにより利害関係者の判断を著しく誤らせるおそれのある会社は、連結の範囲に含めてはならない。このような会社を非連結子会社という。

問題

[問題9] □□□□

連結貸借対照表を作成するのは、親会社が他の会社を支配するに至った日において行われる。

[問題10] □□□□

企業の収益性を測る指標には、資本利益率と流動比率がある。

[問題11] □□□□

自己資本利益率（ROE）とは、株主が拠出した自己資本を用いて企業が株主のためにどれほどの利益をあげたかを示す指標である。

[問題12] □□□□

自己資本利益率（%）は、$\dfrac{\text{自己資本（期首・期末平均）}}{\text{当期(純)利益}}$×100で求められる。

[問題13] □□□□

自己資本利益率（ROE）とは、当期(純)利益の自己資本に対する比率を示すものであり、一般にROEの高い企業は、収益力の高い企業といえる。

[問題14] □□□□

売上高(純)利益率（%）は、$\dfrac{\text{当期(純)利益}}{\text{(純)売上高}}$×100で求められる。

[問題15] □□□□

流動比率は、1年以内に返済しなければならない流動負債を、現預金や短期有価証券などの流動資産でどれだけ賄えるかをみるものである。

[問題16] □□□□

流動比率（%）は、$\dfrac{\text{流動負債}}{\text{流動資産}}$×100で求められる。

[問題17] □□□□

流動比率は、企業の流動性の良否を判定するために用いられる比率であり、通常100%以下であることが望ましいとされている。

解答

[問題９]　○　テ335

なお、親会社が他の会社を支配するに至った日を支配獲得日という。

[問題10]　×　テ336、340～341

資本利益率は、収益性を測る指標であるが、流動比率は、安全性分析のうち流動性を測る指標である。他に収益性を測る指標として、売上高利益率がある。

[問題11]　○　テ337

[問題12]　×　テ337

自己資本利益率（%）は、$\frac{\text{当期(純)利益}}{\text{自己資本（期首・期末平均）}}\times 100$で求められる。

[問題13]　○　テ337

[問題14]　○　テ338

[問題15]　○　テ341

[問題16]　×　テ341

流動比率（%）は、$\frac{\text{流動資産}}{\text{流動負債}}\times 100$で求められる。

[問題17]　×　テ341

流動比率は、企業の流動性の良否を判定するために用いられる比率であり、通常200%以上であることが望ましいとされている。

問題

[問題18] □□□□

当座比率（%）は、$\frac{\text{当座資産}}{\text{流動負債}}$×100で求められる。

[問題19] □□□□

当座比率とは、流動資産のうち、特に短期間に現金化される当座資産に注目し、当座資産による流動負債の返済能力をみるものである。

[問題20] □□□□

当座比率は、安全性分析の観点では、一般に100%以下であることが望ましいとされている。

[問題21] □□□□

固定比率（%）は、$\frac{\text{固定資産}}{\text{自己資本}}$×100で求められる。

[問題22] □□□□

固定比率は、高い方が望ましい。

[問題23] □□□□

貸借対照表において、安全性分析に用いられる固定長期適合率は、固定資産に投資した金額と長期性資本（自己資本＋固定負債）の額との関係を示すものである。

[問題24] □□□□

安全性分析において、固定長期適合率は、100%以上であることが望ましいとされている。

[問題25] □□□□

流動比率が100%の場合、固定長期適合率は100%となる。

解答

[問題18]　○　テ341

[問題19]　○　テ341

[問題20]　×　テ341

当座比率は、安全性分析の観点では、一般に100%以上であることが望ましいとされている。

[問題21]　○　テ341

[問題22]　×　テ341

固定比率は、低い方が望ましい。100%以下であることが理想的とされる。

[問題23]　○　テ342

[問題24]　×　テ342

安全性分析において、固定長期適合率は、100%以下であることが望ましいとされている。

[問題25]　○　テ341～342

貸借対照表において、「流動資産＋固定資産＝自己資本＋流動負債＋固定負債」である。

$$流動比率（\%）＝\frac{流動資産}{流動負債}\times 100$$

$$固定長期適合率（\%）＝\frac{固定資産}{自己資本＋固定負債}\times 100$$

固定長期適合率が100%であるとすれば、貸借対照表の構成において、「固定資産＝自己資本＋固定負債」が成り立つ。この場合、「流動資産＝流動負債」の関係が存在する。

つまり、流動比率が100%の場合、固定長期適合率は100%となる。

問題

[問題26] □□□□

負債比率は、100%以下が望ましい。

[問題27] □□□□

自己資本比率とは、総資本に占める自己資本の割合を示すものであり、一般にその比率が低ければ低いほどよいと考えられている。

[問題28] □□□□

一般的に総資本回転率が低ければ低いほど、資本効率は高いことになる。

[問題29] □□□□

総資本回転率（回／年）は、総資本（期首・期末平均）を（年間）売上高で除して求められる。

[問題30] □□□□

売上高(純)利益率が一定である場合、総資本回転率を高めると総資本(純)利益率は低下する。

[問題31] □□□□

損益分岐点比率が、100%を上回れば、利益が生じる。

[問題32] □□□□

キャッシュ・フロー計算書は、キャッシュ・フローを企業活動に関連付けて、「営業活動によるキャッシュ・フロー」、「投資活動によるキャッシュ・フロー」及び「財務活動によるキャッシュ・フロー」の３つの領域に区分して表示する。

[問題33] □□□□

キャッシュ・フロー計算書における、キャッシュ概念は、現金及び現金同等物を意味する

[問題34] □□□□

配当性向が高ければ、内部留保率が高いことを意味する。

解答

[問題26]　○　テ342

[問題27]　×　テ342

自己資本比率とは、総資本に占める自己資本の割合を示すものであり、一般にその比率が高いほど企業財務は安定しており、財務内容の良い会社といえる。

[問題28]　×　テ344

一般的に総資本回転率が低ければ低いほど、資本効率は低いことになる。

[問題29]　×　テ344

総資本回転率（回／年）は、（年間）売上高を総資本（期首・期末平均）で除して求められる。

[問題30]　×　テ345

売上高(純)利益率が一定である場合、総資本回転率を高めると総資本(純)利益率は上昇する。

[問題31]　×　テ346

損益分岐点比率が、100％を上回れば、損失となり、100％を下回れば利益が生じる。

[問題32]　○　テ347

[問題33]　○　テ347

なお、「現金」には手許現金及び要求払預金を含み、「現金同等物」には容易に換金可能であり、かつ、価値の変動について僅少なリスクしか負わない短期投資が含まれる。

[問題34]　×　テ352

配当性向が高ければ、内部留保率が低いことを意味する。

問題

[問題35] □□□□

配当性向（%）は、$\frac{配当金（年額）}{当期(純)利益}$×100で求められる。

選択問題

[問題36] □□□□

上場会社A社の損益計算書から抜粋した科目及び金額が次のとおりであった場合、（　）に当てはまる数値として正しいものの番号を２つマークしなさい。

（単位：百万円）

科　目	金　額
売上高 売上原価 販売費及び一般管理費	308,000 232,000 65,500
営業利益	（イ）
営業外損益 　営業外収益 　営業外費用	 7,000 4,000
経常利益	（ロ）
特別損益 　特別利益 　特別損失	 1,200 2,500
税引前当期純利益	（ハ）
法人税等	5,500
当期純利益	（ニ）

1．イは、141,500
2．イは、　10,500
3．ロは、　　3,000
4．ハは、　12,200
5．ニは、　　4,300

解答

[問題35]　○　テ352

[問題36]　**2、4**　テ333～334

イ．営業利益＝売上高－売上原価－販売費及び一般管理費
＝308, 000－232, 000－65, 500＝10, 500

ロ．経常利益＝営業利益＋営業外収益－営業外費用
＝10, 500＋7, 000－4, 000＝13, 500

ハ．税引前当期純利益＝経常利益＋特別利益－特別損失
＝13, 500＋1, 200－2, 500＝12, 200

ニ．当期純利益＝税引前当期純利益－法人税等
＝12, 200－5, 500＝6, 700

問題

[問題37] □□□□

貸借対照表及び損益計算書から抜粋した金額（単位百万円）が次のとおりである会社に関する記述として、正しいものの番号を１つマークしなさい。

（注） 答えは、小数第２位以下を切り捨ててある。

（貸借対照表より）

（単位：百万円）

	前 期	当 期
流動資産	6, 700	5, 000
（うち当座資産）	2, 200	1, 900
固定資産	9, 100	10, 000
流動負債	5, 700	5, 900
固定負債	5, 600	4, 800
純資産合計（自己資本）	4, 500	4, 300

（損益計算書より）

（単位：百万円）

	当 期
売上高	9, 000
売上原価	7, 600
販売費及び一般管理費	950
営業外損益	200
特別損益	▲150
法人税等	40

1．当期の売上高経常利益率は、2. 3%である。
2．当期の総資本回転率は、0. 7回である。
3．当期の自己資本利益率は、10. 6%である。
4．当期の負債比率は、248. 8%である。
5．当期の当座比率は、38. 0%である。

解答

[問題37]　4　　テ333～334、337～339、341～344

1．×

経常利益＝売上高－売上原価－販売費及び一般管理費＋営業外損益

＝9,000－7,600－950＋200＝650

売上高経常利益率（%）$=\dfrac{\text{経常利益}}{\text{売上高}}\times 100=\dfrac{650}{9,000}\times 100\fallingdotseq$ 7.2%

2．×

総資本＝負債＋自己資本＝総資産

前期総資本＝5,700＋5,600＋4,500＝15,800

当期総資本＝5,900＋4,800＋4,300＝15,000

総資本回転率$=\dfrac{\text{売上高}}{\text{総資本（期首・期末平均）}}=\dfrac{9,000}{(15,800+15,000)\div 2}$

≒0.5回

3．×

当期純利益＝経常利益＋特別損益－法人税等

＝650－150－40＝460

自己資本利益率（%）$=\dfrac{\text{当期純利益}}{\text{自己資本（期首・期末平均）}}\times 100$

$=\dfrac{460}{(4,500+4,300)\div 2}\times 100\fallingdotseq$ 10.4%

4．○

負債比率（%）$=\dfrac{\text{流動負債＋固定負債}}{\text{自己資本}}\times 100=\dfrac{5,900+4,800}{4,300}\times 100$

≒248.8%

5．×

当座比率（%）$=\dfrac{\text{当座資産}}{\text{流動負債}}\times 100=\dfrac{1,900}{5,900}\times 100\fallingdotseq$ 32.2%

問題

[問題38] □□□□

ある会社の損益計算書から抜粋した金額が次のとおりであるとき、正しいものはどれか。正しい記述に該当するものをイ～ニから選んでいる選択肢の番号を１つマークしなさい。なお、答えは、小数第２位以下を切り捨ててある。

（単位：百万円）

	前期	当期
売上高	84,000	95,000
売上原価	56,000	58,000
販売費及び一般管理費	27,000	32,000
営業外損益	1,200	1,000
特別損益	500	▲2,000
法人税等	700	900

イ．当期の売上高総利益率は、33.3％である。
ロ．当期の売上高経常利益率は、6.3％である。
ハ．当期の売上高(純)利益率は、2.3％である。
ニ．この会社は、増収であり、経常利益も増益である。

1．イ及びロ
2．イ及びハ
3．イ及びニ
4．ロ及びハ
5．ロ及びニ

解答

[問題38]　5　　テ333～334、338～339、350～351

イ．×

$$売上高総利益率(\%)=\frac{(純)売上高-売上原価}{(純)売上高}\times 100$$

$$=\frac{95,000-58,000}{95,000}\times 100=\underline{38.9\%}$$

ロ．○

経常利益＝売上高－売上原価－販売費及び一般管理費＋営業外損益

＝95, 000－58, 000－32, 000＋1, 000＝6, 000

$$売上高経常利益率(\%)=\frac{経常利益}{(純)売上高}\times 100=\frac{6,000}{95,000}\times 100=\underline{6.3\%}$$

ハ．×

当期(純)利益＝経常利益＋特別損益－法人税等

＝6, 000－2, 000－900＝3, 100

$$売上高(純)利益率(\%)=\frac{当期(純)利益}{(純)売上高}\times 100=\frac{3,100}{95,000}\times 100=\underline{3.2\%}$$

ニ．○

売上高は、当期95, 000＞前期84, 000なので、増収である。

また、経常利益は、当期6, 000＞前期2, 200なので、増益（経常利益ベース）である。

なお、前期経常利益＝84, 000－56, 000－27, 000＋1, 200＝2, 200である。

正しい記述はロ及びニ、したがって５が正解である。

問題

[問題39] □ □ □ □

以下の会社（発行済株式総数8,000万株）の配当率と配当性向として正しいものの番号を１つマークしなさい。なお、当期純利益は、24億円とする。

（注） 答えは、小数第２位以下を切り捨ててある。資本合計は期中平均とする。

	（１株当たり）
中間配当：6.00円	期末配当：10.00円

資本合計	資 本 金： 80億円
	剰余金等：100億円

1. 配当率： 4.0%　配当性向：13.3%
2. 配当率：10.0%　配当性向： 8.0%
3. 配当率：10.0%　配当性向：33.3%
4. 配当率：16.0%　配当性向：12.8%
5. 配当率：16.0%　配当性向：53.3%

解答

[問題39]　5　　　　テ333～334、352～353

配当金年額＝（6円＋10円）×8,000万株＝12.8億円

$$配当率（\%）=\frac{配当金（年額）}{資本金（期中平均）}\times 100=\frac{12.8億円}{80億円}\times 100=\underline{16.0\%}$$

$$配当性向（\%）=\frac{配当金（年額）}{当期純利益}\times 100=\frac{12.8億円}{24億円}\times 100=\underline{53.3\%}$$

問題

[問題40] □□□□

発行済株式総数800万株で損益計算書の金額（単位：百万円）が次のとおりである会社に関する記述として、正しいものの番号を１つマークしなさい。なお、配当性向は小数第２位以下を切り捨ててある。

売上高	37,500
売上原価	24,000
販売費及び一般管理費	11,700
営業外損益	▲700
特別損益	▲400
法人税等	300

1．１株当たり配当金年10円の場合、この会社の配当性向は10.0％である。
2．１株当たり配当金年15円の場合、この会社の配当性向は20.0％である。
3．１株当たり配当金年20円の場合、この会社の配当性向は30.0％である。
4．１株当たり配当金年25円の場合、この会社の配当性向は40.0％である。
5．１株当たり配当金年30円の場合、この会社の配当性向は60.0％である。

解答

[問題40]　5　　テ333〜334、352〜353

当期純利益＝売上高－売上原価－販売費及び一般管理費＋営業外損益
＋特別損益－法人税等
＝37,500－24,000－11,700－700－400－300＝400百万円

配当金（年額）＝1株当たり配当金×発行済株式総数

$$配当性向（\%）=\frac{配当金（年額）}{当期純利益}\times100$$

1．配当金＝10円×800万株＝80百万円

$$配当性向（\%）=\frac{80百万円}{400百万円}\times100=\underline{20.0\%}$$

2．配当金＝15円×800万株＝120百万円

$$配当性向（\%）=\frac{120百万円}{400百万円}\times100=\underline{30.0\%}$$

3．配当金＝20円×800万株＝160百万円

$$配当性向（\%）=\frac{160百万円}{400百万円}\times100=\underline{40.0\%}$$

4．配当金＝25円×800万株＝200百万円

$$配当性向（\%）=\frac{200百万円}{400百万円}\times100=\underline{50.0\%}$$

5．配当金＝30円×800万株＝240百万円

$$配当性向（\%）=\frac{240百万円}{400百万円}\times100=\underline{60.0\%}$$

14 証券税制

○×問題 以下について、正しければ○を、正しくなければ×をつけなさい。

【問題1】 □ □ □ □
非居住者とは、国内に住所を有せず、かつ、現在まで引き続いて1年以上居所を有しない個人をいう。

【問題2】 □ □ □ □
居住者の国内課税において、公社債投資信託の収益の分配金は、利子所得に区分される。

【問題3】 □ □ □ □
特定公社債等の償還差益は、雑所得として総合課税の対象となる。

【問題4】 □ □ □ □
公募株式投資信託の収益の分配に係る所得は、雑所得に分類される。

【問題5】 □ □ □ □
株式等の譲渡による所得は、一般には譲渡所得に分類されるが、事業的規模で行う場合や継続的に行う場合等は、事業所得や雑所得に分類されることがある。

【問題6】 □ □ □ □
「居住者に対する国内課税」に関して、所得税の確定申告における所得金額計算上の収入金額とは、源泉徴収された所得税や復興特別所得税がある場合には、当該所得税が差し引かれる前の金額のことをいう。

【問題7】 □ □ □ □
特定公社債等の利子による所得は、確定申告不要制度を選択できない。

【問題8】 □ □ □ □
「居住者に対する国内課税」に関して、上場株式等の配当については、大口株主等を除き、確定申告不要とすることができる。

解答

【問題１】 ○ テ356

【問題２】 ○ テ357, 359～360

なお、株式投資信託の収益分配金は、配当所得となる。

【問題３】 × テ357, 359

特定公社債等の償還差益は、譲渡所得として税率20.315％（所得税15％、復興特別所得税0.315％および住民税５％）の申告分離課税の対象となる。

【問題４】 × テ357, 361

公募株式投資信託の収益に係る分配金は、配当所得である。なお、公募公社債投資信託の収益分配金は、利子所得である。

【問題５】 ○ テ357

【問題６】 ○ テ357

【問題７】 × テ358～359

特定公社債等の利子による所得は、確定申告不要制度を選択できる。

【問題８】 ○ テ358、361

なお、大口株主等とは、発行済株式総数の３％以上を保有する個人株主のことをいう。

問題

[問題9] □□□□

「源泉徴収選択口座」を選択した特定口座に保管されている上場株式等の譲渡所得については、必ず確定申告をしなければならない。

[問題10] □□□□

特定公社債等の譲渡損は、利子所得及び譲渡所得の申告分離課税の中で損益通算ができる。

[問題11] □□□□

特定口座の源泉徴収選択口座内では、上場株式等の譲渡所得のみを取扱っている。

[問題12] □□□□

財形住宅貯蓄と財形年金貯蓄の非課税限度額は、それぞれ合計で、元本550万円である。

[問題13] □□□□

オープン型証券投資信託の元本払戻金（特別分配金）は、所得税法上の非課税所得となる。

[問題14] □□□□

配当所得の金額の計算において、配当所得（源泉徴収前）から株式を借入金で購入した場合の利子（負債利子という）を控除することができる。

[問題15] □□□□

所得税法上、配当所得は、原則として総合課税の対象となるため、源泉徴収された税額は、確定申告により精算される。

[問題16] □□□□

居住者（大口株主等を除く）が上場株式等の配当等の支払いを受ける際は、上場株式等の配当金の20.315%が源泉徴収される。

[問題17] □□□□

上場株式等の配当金について、配当控除の適用を受けるためには、必ず確定申告をしなければならない。

解答

【問題9】 ×　テ358、369

「源泉徴収選択口座」を選択した特定口座に保管されている上場株式等（源泉徴収選択口座内保管上場株式等）の譲渡所得については、確定申告不要制度の対象となる。

【問題10】 ○　テ359、365

【問題11】 ×　テ359、367〜369

上場株式等の配当についても、特定口座の源泉徴収選択口座への預入れをすることができる。国債などの公募公社債や公募公社債投資信託など特定公社債等の利子所得及び譲渡所得についても特定口座に預け入れることができる。

【問題12】 ×　テ359

財形住宅貯蓄と財形年金貯蓄の利子所得の非課税制度の非課税最高限度額は、合わせて550万円である。

【問題13】 ○　テ290、359、361

なお、オープン型証券投資信託とは、追加型の証券投資信託である。そのうち元本払戻金（特別分配金）があるのは、追加型株式投資信託である。

【問題14】 ○　テ361

【問題15】 ○　テ361

【問題16】 ○　テ361

なお、上場株式等の配当金の源泉徴収税率は、20.315%であるが、内訳は、所得税15%、復興特別所得税0.315%及び住民税５%となる。

【問題17】 ○　テ362

なお、配当控除の適用を受けるためには、総合課税による確定申告をしなければならない。

問題

[問題18] □ □ □ □

上場株式の配当金について申告分離課税を選択すると、配当控除の適用を受けることができる。

[問題19] □ □ □ □

外国法人からの配当金、J－REITの分配金は、配当控除の適用を受けることができない。

[問題20] □ □ □ □

株式の配当所得に適用される所得税の配当控除額は、課税総所得金額等が1,000万円以下の場合、配当所得の金額（源泉所得税控除前）の10％相当額、課税総所得金額等が1,000万円超の場合、1,000万円超の部分は配当所得の金額（源泉所得税控除前）の５％相当額である。

[問題21] □ □ □ □

上場株式等の配当所得を申告分離課税を選択して申告した場合、上場株式等の譲渡損失と損益通算できる。

[問題22] □ □ □ □

上場株式の３％以上保有する個人株主（いわゆる大口株主等）は、申告分離課税を選択できない。

[問題23] □ □ □ □

上場株式の発行済株式総数の３％以上を保有する個人株主が受け取る配当金については、上場株式等の譲渡損失と損益通算できない。

[問題24] □ □ □ □

「株式等」の譲渡による所得は、原則として20.315％（所得税15％、復興特別所得税0.315％及び住民税５％）の税率による申告分離課税とされる。

[問題25] □ □ □ □

上場株式等の譲渡損益と非上場株式の譲渡損益は、損益通算できる。

解答

[問題18]　×　テ362

上場株式の配当金について申告分離課税を選択すると、配当控除の適用を受けることができない。総合課税を選択すると配当控除の適用を受けることができる。

[問題19]　○　テ362

配当控除は、所得税と法人税の二重課税を調整するためにあるので、法人税を納付していない外国法人からの配当やJ－REITの分配は、配当控除の対象とならない。

[問題20]　○　テ362

[問題21]　○　テ362，365

なお、大口株主等が受け取る上場株式等の配当金については申告分離課税を選択できないため、上場株式等の譲渡損失との損益通算はできない。

[問題22]　○　テ362

なお、大口株主等は、確定申告不要も選択できず、原則どおり総合課税により確定申告しなければならない。

[問題23]　○　テ362、365

なお、損益通算ができない理由は、大口株主等が受け取る上場株式の配当について、申告分離課税を選択できないためである。

[問題24]　○　テ363

[問題25]　×　テ363

上場株式等の譲渡損失は、上場株式等の譲渡損益及び特定公社債等の譲渡損益の中で損益通算できるが、非上場株式などの一般株式等の譲渡所得とは損益通算できない。

問題

[問題26] □□□□

２回以上にわたり同一銘柄を取得した場合の取得費（取得価額）の計算方法は、総平均法に準ずる方法である。

[問題27] □□□□

株式等の取得費が不明の場合は、譲渡収入金額の５％に相当する金額を取得費とすることができるが、これを概算取得費という。

[問題28] □□□□

総合課税を選択した上場株式等の配当所得と上場株式等の譲渡損失は、損益通算ができる。

[問題29] □□□□

上場株式等の譲渡損失と上場株式等の配当所得を損益通算する場合は、必ず確定申告をしなければならない。

[問題30] □□□□

上場株式等を譲渡したことにより生じた譲渡損失（損益通算の結果、その年の株式等の譲渡所得等の金額の計算上控除しきれなかった損失の金額をいう）は、一定の要件の下で、その年の翌年以後３年以内の株式等の譲渡所得等の金額から繰越控除できる。

[問題31] □□□□

特定口座は、同一の金融商品取引業者等においては１口座しか設定ができないが、金融商品取引業者等が異なれば、それぞれの金融商品取引業者等ごとに設定できる。

[問題32] □□□□

「特定口座内保管上場株式等の源泉徴収の特例」に関して、特定口座に預け入れられる上場株式等には、公募株式投資信託が含まれる。

[問題33] □□□□

金融商品取引業者は、特定口座開設者ごとに「特定口座年間取引報告書」を２通作成し、１通を特定口座開設者に交付し、他の１通を自社で保管しなければならない。

解答

[問題26]　○　テ364

[問題27]　○　テ365

[問題28]　×　テ365

上場株式等の譲渡損失と損益通算ができるのは、申告分離課税を選択した上場株式等の配当所得である。

[問題29]　×　テ365、367、369

特定口座の源泉徴収選択口座では、確定申告不要を選択することにより、上場株式等の譲渡損失と上場株式等の配当等との損益通算に関する手続きを完了できる。

[問題30]　○　テ366

[問題31]　○　テ368

[問題32]　○　テ368

[問題33]　×　テ369

２通の「特定口座年間取引報告書」のうち、１通は特定口座開設者に交付し、他の１通は税務署に提出しなければならない。

問題

[問題34] □□□□

「特定口座内保管上場株式等の特例」において、その年に源泉徴収選択口座に選択された特定口座については、年の中途で選択の変更をすることはできない。

[問題35] □□□□

源泉徴収選択口座（「源泉徴収あり」の特定口座）を開設している場合、一定の手続きにより、上場株式等の配当等を源泉徴収口座に預け入れることができる。

[問題36] □□□□

上場株式の配当金受取方式には３つの方法があるが、NISA（少額投資非課税制度）の非課税口座内の株式配当金は、どの方法を選択しても非課税で受け取ることができる。

[問題37] □□□□

NISAの年間投資枠は、つみたて投資枠120万円、成長投資枠240万円であり、非課税保有限度額は、1,800万円（うち成長投資枠1,200万円）である。

[問題38] □□□□

NISA（少額投資非課税制度）の非課税口座内の株式等は、いつでも譲渡でき、同一年において非課税枠の再利用ができる。

[問題39] □□□□

NISA（少額投資非課税制度）の非課税口座内で譲渡損失が生じた場合は、他の口座（特定口座や一般口座）で保有する有価証券の売買益や配当金との損益通算及び繰越控除の適用を受けることはできない。

[問題40] □□□□

NISA（少額投資非課税制度）において、同一年分の非課税投信勘定は複数の金融商品取引業者に開設することはできない。

[問題41] □□□□

成長投資枠の投資対象商品は、上場株式、公募株式投資信託（ETF及びJ－REITを含む）、公社債投資信託及び公社債に限られる。

解答

[問題34]　○　テ367、369

[問題35]　○　テ369

なお、配当金の受取方法を、株式数比例配分方式にする必要がある。

[問題36]　×　テ366、370

NISA口座では、上場株式の配当金の受取方法について、「株式数比例配分方式」を選択しなければ非課税とならない。

[問題37]　○　テ370、372

なお、つみたて投資枠と成長投資枠は、年間投資枠を限度として同時に利用できる。

[問題38]　×　テ35、370、372

NISA（少額投資非課税制度）の非課税口座内の株式等は、いつでも譲渡できるが、同一年においては非課税枠の再利用はできない。ただし、売却によって非課税保有額が減少するので、減少分は翌年以降に年間投資枠の範囲内で再利用することができる。

[問題39]　○　テ35、371

[問題40]　○　テ35、371

[問題41]　×　テ372

成長投資枠の投資対象商品は、上場株式、公募株式投資信託（ETF及びJ－REITを含む）に限られ、公社債投資信託及び公社債は対象外である。

問題

[問題42] □□□□

つみたて投資枠の非課税対象商品に、上場株式は含まれない。

[問題43] □□□□

ストック・オプション制度に係る課税の特例に関して、新株予約権を行使して株式を取得した場合の経済的利益、いわゆる株価とストック・オプションによる権利行使価額との差額については、一定の要件の下で、所得税を課さないとされている。

[問題44] □□□□

国外転出時課税制度の対象は、株式等の対象資産の含み益に対してである。

[問題45] □□□□

上場株式の相続税評価額は、その株式が上場されている金融商品取引所における課税時期の最終価額によってのみ評価される。

選択問題

[問題46] □□□□

ある個人（居住者）が国内法人から支払いを受ける配当所得の金額が60万円（源泉所得税控除前）で、課税総所得金額等が1,040万円である場合の所得税の配当控除の額として正しいものの番号を１つマークしなさい。なお、復興特別所得税については、考慮しないものとする。

1．30,000円
2．40,000円
3．50,000円
4．60,000円
5．70,000円

解答

[問題42]　○　テ372

つみたて投資枠の非課税対象商品に、上場株式は含まれない。対象となるのは、長期の積立・分散投資に適した公募・上場株式投資信託である。

[問題43]　○　テ374

[問題44]　○　テ374

[問題45]　×　テ375

相続、遺贈、贈与により取得した上場株式は次の①～④のうち、最も低い価額で評価する。

①課税時期の終値
②課税時期の属する月の毎日の終値の平均額
③課税時期の属する月の前月の毎日の終値の平均額
④課税時期の属する月の前々月の毎日の終値の平均額

[問題46]　2　テ362

課税総所得金額等が1,040万円であり、配当所得の金額が60万円であった場合、
1,000万円を超える40万円の部分については5％、
1,000万円以下の部分である20万円については10％の配当控除が適用される。
400,000円×5％＝20,000円
200,000円×10％＝20,000円
20,000円＋20,000円＝40,000円
よって、配当控除の額は40,000円

問題

[問題47] □□□□

ある個人（居住者）が、以下のように上場銘柄A社株式を金融商品取引業者に委託して、現金取引により売買を行った。この売却による譲渡所得として正しいものの番号を1つマークしなさい。

（注） 本年中には、他の有価証券の売買はないものとする。また、売買に伴う手数料、その他の諸費用等は考慮しない。

年月	売買の別	単価	株数
本年８月	買い	320円	2,000株
本年９月	買い	300円	3,000株
本年10月	買い	350円	2,000株
本年11月	売り	400円	6,000株
本年12月	買い	450円	4,000株

1．400,000円
2．450,000円
3．480,000円
4．500,000円
5．650,000円

[問題48] □□□□

甲氏は10月30日に実父が死亡したことにより上場銘柄Ａ社株式を相続することになった。相続税の財産基本評価通達上、当該株式の１株当たりの相続税の評価額として正しいものの番号を1つマークしなさい。

1．10月30日の終値　2,720円
2．10月中の終値平均株価　2,670円
3．９月中の終値平均株価　2,580円
4．８月中の終値平均株価　2,620円
5．７月中の終値平均株価　2,560円

解答

[問題47]　3　テ364

この場合の取得費及び譲渡益は「総平均法に準ずる方法」で計算する。ただし、売却後に買い付けた分は計算に含めない。

譲渡した株式の１株当たりの取得価額（取得費）

$$=\frac{320円\times2,000株+300円\times3,000株+350円\times2,000株}{2,000株+3,000株+2,000株}=320円$$

譲渡所得＝(400円－320円)×6,000株＝480,000円

[問題48]　3　テ375

相続した上場株式は、「相続があった日（課税時期）の最終価額」、「課税時期の属する月の毎日の終値の平均額」、「課税時期の属する月の前月の毎日の終値の平均額」、「課税時期の属する月の前々月の毎日の終値の平均額」のうち、最も低い価額によって評価される。

したがって、９月中の終値平均株価2,580円が一番低い価額なので、2,580円となる。

なお、７月中の終値平均株価は評価対象外のため、該当しない。

◆MEMO

模擬想定問題　1

本試験と同一レベル・同一配分で作成した模擬想定問題を掲載しています。学習の総括として、ぜひチャレンジしてください。

また、専用の解答用紙を設けましたので、ご利用ください。

【試験の形式について】

・実際の試験は、PCによる入力方式となります。

・電卓はPCの電卓を用います。

・問題数は計70問（○×方式50問、五肢選択方式20問）です。

・解答時間は２時間です。

・合否は300点満点のうち、７割（210点以上）の得点で合格となります。

模擬想定問題 1　解答用紙

【この解答用紙の使い方】

・この解答用紙は、コピーしたり、本書から切り取るなどしてご利用ください。
　また、本書から切り取る際は、ハサミやカッターなどで手を傷つけないよう十分にご注意ください。

・解答と解説は、問題の後部に掲載しています。

問	○ 1	× 2	3	4	5	問	○ 1	× 2	3	4	5	問	○ 1	× 2	3	4	5
1	▯	▯				26	▯	▯				49	▯	▯			
2	▯	▯				27	▯	▯				50	▯	▯			
3	▯	▯				28	▯	▯	▯	▯	▯	51	▯	▯			
4	▯	▯				29	▯	▯	▯	▯	▯	52	▯	▯			
5	▯	▯				30	▯	▯				53	▯	▯	▯	▯	▯
6	▯	▯	▯	▯	▯	31	▯	▯				54	▯	▯	▯	▯	▯
7	▯	▯	▯	▯	▯	32	▯	▯				55	▯	▯	▯	▯	▯
8	▯	▯				33	▯	▯				56	▯	▯			
9	▯	▯				34	▯	▯				57	▯	▯			
10	▯	▯				35	▯	▯	▯	▯	▯	58	▯	▯			
11	▯	▯				36	▯	▯	▯	▯	▯	59	▯	▯			
12	▯	▯				37	▯	▯	▯	▯	▯	60	▯	▯			
13	▯	▯				38	▯	▯				61	▯	▯	▯	▯	▯
14	▯	▯				39	▯	▯				62	▯	▯			
15	▯	▯	▯	▯	▯	40	▯	▯				63	▯	▯			
16	▯	▯	▯	▯	▯	41	▯	▯				64	▯	▯			
17	▯	▯	▯	▯	▯	42	▯	▯				65	▯	▯			
18	▯	▯				43	▯	▯				66	▯	▯			
19	▯	▯				44	▯	▯				67	▯	▯	▯	▯	▯
20	▯	▯				45	▯	▯	▯	▯	▯	68	▯	▯			
21	▯	▯				46	▯	▯	▯	▯	▯	69	▯	▯	▯	▯	▯
22	▯	▯				47	▯	▯	▯	▯	▯	70	▯	▯	▯	▯	▯
23	▯	▯				48	▯	▯									
24	▯	▯															
25	▯	▯															

【配点】○×方式：１問２点　五肢選択方式：１問10点　　計　　　点（　　月　　日解答）

（キリトリ線）

模擬想定問題　1

【金融商品取引法】

次の文章について、正しい場合は○へ、正しくない場合は×の方へマークしなさい。

問1． 金融商品取引業者と親子関係にある法人との取引において、顧客の利益が不当に害されることのないように必要な措置を講じなければならない。

問2．「内部者取引規制」において、会社関係者が、上場会社等の業務に関する重要事実を公表前に入手した場合には、会社関係者でなくなったとしても、会社関係者でなくなった後6ヵ月間は、当該重要事実が公表された場合でも、当該会社の発行する上場株券等の特定有価証券等に係る売買はできない。

問3． いったん登録された外務員は、いかなる場合も登録を取り消されることはない。

問4． 金融商品取引業者等は、未公表の会社情報等を営業に資するために、共有して使用することができる。

問5． 金融商品取引業者は、契約締結前交付書面において、契約締結前交付書面の内容を十分に読むべき旨を記載しなければならない。

【金融商品取引法】

問6． 次の文章のうち、誤っているものの番号を2つマークしなさい。

1．仮装取引とは、上場有価証券等の売買等について、取引状況に関し他人に誤解を生じさせる目的をもって、権利の移転、金銭の授受等を目的としない仮装の取引をすることをいう。
2．特定投資家は、有価証券等の売買の取引を誘引する目的をもって、取引所金融市場における有価証券の相場を変動させるべき一連の有価証券の売買の委託をすることができる。
3．取引を誘引する目的をもって、重要な事項について虚偽であり、又は誤解を生じさせるべき表示を故意に行うことは禁止されている。
4．何人も有価証券の相場をくぎ付けにし、固定し、又は安定させる目的をもって、金融商品市場における一連の売買又はその委託若しくは受託をする行為は、いかなる場合も禁止されている。
5．内部者取引において、株式の分割は、重要事実に該当する。

【金融商品取引法】

問７．次の文章のうち、正しいものの番号を２つマークしなさい。

1．大量保有報告書は、大量保有者となった日から起算して10日（日曜日その他政令で定める休日の日数は算入しない）以内に内閣総理大臣に提出しなければならない。
2．株券等の大量保有の状況に関する開示制度（いわゆる５％ルール）において、提出された大量保有報告書は、５年間公衆の縦覧に供される。
3．株券等の大量保有の状況に関する開示制度（いわゆる５％ルール）において、一度大量保有報告書を提出している場合は、その後いかなる場合も変更について報告する必要はない。
4．大量保有報告制度の対象有価証券には、新株予約権証券は含まれない。
5．大量保有報告制度における株券等保有割合とは、保有する株券等の数（共同保有者の保有する株券等の数を含む）を発行済株式総数で除して求める。

【金融商品の勧誘・販売に関係する法律】

次の文章について、正しい場合は○へ、正しくない場合は×の方へマークしなさい。

問８．消費者契約法において、取消権は、原則として、追認することができる時から１年間行使しないとき、又は消費者契約の締結時から５年を経過したときに消滅する。

問９．個人情報の保護に関する法律において、法人の代表者個人や取引担当者個人を識別することができる情報は、個人情報に該当しない。

問10．犯罪による収益の移転防止に関する法律において、金融商品取引業者は、顧客に有価証券を取得させることを内容とする契約を締結する際は、最初に顧客について本人特定事項等の取引時確認を行わなければならない。

【協会定款・諸規則】

次の文章について、正しい場合は○へ、正しくない場合は×の方へマークしなさい。

問11．協会員の従業員は、有価証券の売買その他の取引等に関して顧客と金銭、有価証券の貸借を行ってはならない。

問12．協会員は、原則として、相手方が反社会的勢力であることを知りながら、当該相手方との間で有価証券の売買その他の取引を行ってはならない。

問13. 二種外務員は、所属協会員の一種外務員の同行がある場合には、顧客から信用取引及び有価証券関連デリバティブ取引等に係る注文を受託することができる。

問14. 協会員は、国債の発行日前取引を初めて行う顧客に対し、あらかじめ、当該取引が停止条件付売買であることを説明しなければならない。

【協会定款・諸規則】

問15. 次の文章のうち、誤っているものの番号を２つマークしなさい。

1．協会員は、その役員又は従業員のうち、外務員の種類ごとに定める一定の資格を有し、かつ、外務員の登録を受けた者でなければ、外務員の職務を行わせてはならない。
2．二種外務員は、所属協会員の一種外務員の同行がある場合に限り、信用取引に係る外務行為を行うことができる。
3．二種外務員は、レバレッジ投資信託を取り扱うことができる。
4．二種外務員は、新株予約権証券を取り扱うことができる。
5．協会員は、登録を受けている外務員について、外務員資格更新研修とは別に、毎年、外務員の資質向上のための社内研修を受講させなければならない。

【協会定款・諸規則】

問16. 次の文章のうち、正しいものの番号を２つマークしなさい。

1．顧客から金銭、有価証券の残高について照会があったときは、会員の検査、監査又は管理の担当部門がこれを受け付け、営業部門を通じて遅滞なく回答を行わなければならない。
2．協会員の従業員は、業務上取得する非公開情報については他の従業員と共有し、顧客との取引を行うことができる。
3．金融商品取引業者は、顧客に販売した外国投資信託証券が当該証券について規定された選別基準に適合しなくなった場合には、遅滞なくその旨を当該顧客に通知しなければならないが、その場合、当該顧客から買戻しの取次ぎ又は解約の取次ぎの注文があったときは、これに応じなければならない。
4．協会員は、従業員が有価証券等の性質又は取引の条件について、顧客を誤認させるような勧誘をしないよう指導及び監督しなければならない。
5．協会員の従業員は、自己の有価証券の売買その他の取引等について、書面による同意がある場合に限り、当該顧客の名義又は住所を使用することができる。

【協会定款・諸規則】

問17. 次の文章のうち、誤っているものの番号を２つマークしなさい。

1．協会員は、顧客に対し、主観的又は恣意的な情報提供となる特定銘柄の有価証券又は有価証券の売買に係るオプションの一律集中的推奨をしてはならない。
2．協会員は、投資勧誘に当たっては、顧客に対し、投資は投資者自身の判断と責任において行うべきものであることを理解させなければならない。
3．協会員は、新規顧客、大口取引顧客等からの注文に際しては、あらかじめ当該顧客から買付代金又は売付有価証券の全部又は一部の預託を受ける等、取引の安全性の確保に努めなければならない。
4．協会員の従業員は、所属協会員の書面による承諾があれば、信用取引を行うことができる。
5．協会員は、当該協会員にとって新たな有価証券等の販売を行うに当たっては、当該有価証券等に適合する顧客が想定できないものは、当該有価証券等の特性やリスクについて顧客が理解できるように十分説明して、販売しなければならない。

【取引所定款・諸規則】

次の文章について、正しい場合は○へ、正しくない場合は×の方へマークしなさい。

問18. 転換社債型新株予約権付社債券の上場審査基準は、発行者に対する基準と上場申請銘柄に対する基準からなる。

問19. 売買立会の始値を定める場合は、板寄せによる方式で行われる。

問20. 金融商品取引市場において、国債先物等取引参加者になれるのは、第一種金融商品取引業者のみである。

問21. 有価証券の上場規程において、上場の対象となる有価証券は株券や国債証券のほか、小切手や約束手形も含まれる。

問22. 国債証券の上場については、発行者からの申請は必要ないとされている。

【株式業務】

次の文章について、正しい場合は○へ、正しくない場合は×の方へマークしなさい。

問23. 株式の新規上場時に、まず入札を行いその結果を勘案して公開価格を決定する方式をブック・ビルディングという。

問24. 株価純資産倍率（PBR）は、１株当たり純資産を株価で除して求められる。

問25.「手数料の金額」は、「注文伝票」に記載すべき事項である。

問26. 私設取引システム（PTS）で取引できる銘柄は、上場株式のみである。

問27. 取引所における立会外バスケット取引は、15銘柄以上で構成され、かつ総額5,000万円以上のポートフォリオに限定されている。

【株式業務】

問28. 以下の会社の株価純資産倍率（PBR）と株価収益率（PER）の組合せとして、正しいものの番号を１つマークしなさい。

（注）答えは、小数点第２位以下を切り捨ててある。また、発行済株式総数は前期末と当期末において変化はないものとする。

発行済株式総数	２億株
総資産	4,000億円
総負債	3,400億円
当期(純)利益	210億円
株価	1,800円

１．PBR　0.9倍　　PER　17.1倍
２．PBR　6.0倍　　PER　0.9倍
３．PBR　6.0倍　　PER　17.1倍
４．PBR　17.1倍　　PER　0.9倍
５．PBR　17.1倍　　PER　6.0倍

【株式業務】

問29. 時価1,200円の株式について、１：1.1の株式分割を行うこととなった。その場合の予想権利落相場はいくらか。正しいものの番号を１つマークしなさい。

（注）答えは円未満を切り捨ててある。

１．1,090円　２．1,100円　３．1,200円　４．1,320円　５．2,520円

【債券業務】

次の文章について、正しい場合は○へ、正しくない場合は×の方へマークしなさい。

問30. 発行者利回りとは、利子と償還差益以外に引受手数料、受託手数料、元利払い手数料などの費用が、債券の発行によって調達した手取り資金総額に対してどれだけになっているかという比率のことである。

問31. 現先取引ができる債券に、新株予約権付転換社債は含まれる。

問32. 社債管理者は、社債権者のために弁済を受ける等の業務を行うのに必要な一切の権限を有する会社であり、社債管理者になることができる者は、金融商品取引業者に限られる。

問33. ラダー型ポートフォリオとは、短期から長期までの債券を年度ごとに均等に保有し、毎期、同じ満期構成を維持するポートフォリオである。

問34. 一般に期間２年の国債は、中期国債に分類される。

【債券業務】

問35. 発行価格102円、利率年3.3%、残存期間８年、購入価格105円の利付債券の直接利回りとして正しいものの番号を１つマークしなさい。

（注）答えは、小数第４位以下を切り捨ててある。

１．2.547%　　２．2.675%　　３．3.142%　　４．3.738%　　５．3.925%

【債券業務】

問36. 次の条件の転換社債型新株予約権付社債の乖離率として、正しいものの番号を１つマークしなさい。

（注）答えは、小数第３位以下を切り捨ててある。

転換価額	500円
転換社債型新株予約権付社債の時価	105円
転換の対象となる株式の時価	400円

１．▲31.25%　　２．▲16.00%　　３．16.00%　　４．19.04%　　５．31.25%

【債券業務】

問37. 利率年２％の10年満期の利付国債を99.70円で買付け、３年後に102.00円に値上がりしたので売却した場合の所有期間利回りとして正しいものの番号を１つマークしなさい。

（注）答えは、小数第４位以下を切り捨ててある。

1．1.209％　2．1.237％　3．2.712％　4．2.766％　5．2.774％

【投資信託及び投資法人に関する業務】

次の文章について、正しい場合は○へ、正しくない場合は×の方へマークしなさい。

問38. 投資信託委託会社は、投資信託契約を解約し、ファンドを償還させる場合は、あらかじめその旨を内閣総理大臣（金融庁長官）に届け出なければならない。

問39. 不動産投資法人の投資証券の売買手数料は、販売会社が独自に定めることができる。

問40. 投資法人の執行役員は投資主総会で選任されるが、その人数に制限はなく、従って１人でもよい。

問41. 投資信託における信託報酬は、投資信託財産の運用管理の報酬として、所定の率を日割計算し、日々、投資信託財産から控除される。

問42. MRFは、追加型株式投資信託の一種である。

問43. 約款上株式を一切組み入れることができない証券投資信託は、公社債投資信託に分類され、公社債投資信託以外の証券投資信託は、株式投資信託に分類される。

問44. クローズドエンド型は、換金するためには、市場で売却するしかなく、解約又は買戻しによる基金の減少が行われない。

【投資信託及び投資法人に関する業務】

問45. 次の文章のうち、正しいものの番号を２つマークしなさい。

1．追加型投資信託においては、基準価額適用日や申込締切時刻が設けられており、ブラインド方式が採用されているが、これはフリーランチにより利益を得ることを防止し、金融商品市場の公平性を保つためである。
2．長期公社債投資信託（追加型）の換金では、キャッシング制度が利用できる。
3．単位型投資信託の募集手数料は商品ごとに一定であり、同じファンドであれば、販売会社によって異なることはない。
4．単位型投資信託には、償還日が定められており、償還日前に償還することはない。
5．外国投資信託とは、外国において外国の法令に基づいて設定された投資信託に類するものをいう。

【投資信託及び投資法人に関する業務】

問46. 次の文章のうち、（　　）に当てはまる語句を正しく選んでいるものの番号を１つマークしなさい。

証券投資信託の運用手法におけるアクティブ運用には、大別して、マクロ経済に対する調査・分析結果によってポートフォリオを組成していく（ イ ）と、個別企業に対する調査・分析結果の積み重ねでポートフォリオを組成していく（ ロ ）がある。

さらに、（ ロ ）によるアクティブ運用には、企業の成長性を重視する（ ハ ）や、株式の価値と株価水準を比較して、割安と判断される銘柄を中心に組成する（ ニ ）などがある。

a．パッシブ運用　　b．インデックス運用
c．トップダウン・アプローチ　　d．ボトムアップ・アプローチ
e．グロース株運用　　f．バリュー株運用

1．イ＝c、ロ＝d、ハ＝a、ニ＝b
2．イ＝c、ロ＝d、ハ＝e、ニ＝f
3．イ＝c、ロ＝d、ハ＝f、ニ＝e
4．イ＝d、ロ＝c、ハ＝a、ニ＝b
5．イ＝d、ロ＝c、ハ＝e、ニ＝f

【付随業務】

問47. 次の文章のうち、誤っているものの番号を２つマークしなさい。

1．金融商品取引業者の付随業務に該当するものに、信用取引に付随する金銭の貸付がある。
2．金融商品取引業者の付随業務に該当するものに、累積投資契約がある。
3．金融商品取引業者の付随業務に該当するものに、私設取引システム運営（PTS）がある。
4．金融商品取引業者の付随業務に該当するものに、有価証券の貸借又はその媒介もしくは代理がある。
5．金融商品取引業者の付随業務に該当するものに、元引受け業務がある。

【株式会社法概論】

次の文章について、正しい場合は○へ、正しくない場合は×の方へマークしなさい。

問48. 大会社が定時総会後公告しなければならないのは、貸借対照表のみである。

問49. 指名委員会等設置会社には、会計監査人を置かなければならない。

問50. 株式会社の設立に際し、発行する株式の全部を発起人だけで引き受けて設立することを発起設立という。

問51. 会社法上の会社は、株式会社、合名会社、合資会社、合同会社である。

問52. 株式を併合すると、発行済株式は減り、１株当たりの実質価値は小さくなる。

【株式会社法概論】

問53. 次の文章のうち、誤っているものの番号を２つマークしなさい。

1．２種類以上の株式を発行する会社を、種類株式発行会社という。
2．株式会社は、発行する株式の全部又は一部について、譲渡には会社の承認が必要であると定めることができる。
3．少数株主権とは、１株しか持たない株主でも行使できる権利のことである。
4．株式会社が株券を発行する場合は、株券を発行できると定款に定めなければならない。
5．株式会社が自己株式を取得することは、出資の払戻しと同じであるため、全面的に禁止されている。

【経済・金融・財政の常識】

問54. 次の文章のうち、誤っているものの番号を２つマークしなさい。

1．景気循環とは、株価が上昇または下降の波を交互に繰り返すことによって好景気になる見方をいう。
2．マネーストックとは、金融機関を除く一般の法人、個人及び地方公共団体等が保有する通貨量のことである。
3．コール市場における「無担保コール翌日物」は、金融機関相互の取引に利用される。
4．プライマリーバランスとは、公債金収入を含む収入と利払費及び債務償還費を加えた支出との収支のことをいう。
5．財政の役割として、「所得再分配」がある。

【経済・金融・財政の常識】

問55. 次の文章のうち、誤っているものの番号を２つマークしなさい。

1．消費関連指数のうち、「家計貯蓄率」は、可処分所得を家計貯蓄で除して求められる。
2．国際収支統計（IMF方式）は、「経常収支」、「金融収支」及び「資本移転等収支」の３項目から構成されている。
3．日本銀行は、銀行券の独占的発行権を有する「発券銀行」としての機能、市中金融機関を対象に取引を行う「銀行の銀行」としての機能、及び政府の出納業務を行う「政府の銀行」としての機能を有している。
4．衆議院で可決した予算を参議院が否決した場合、両院協議会が開かれ、両院協議会においても意見が一致しない場合は、参議院の議決が国会の議決となり、予算が成立する。
5．財政投融資とは、税負担によることなく、財投債（国債）の発行などにより調達した資金を財源とした投資活動である。

【財務諸表と企業分析】

次の文章について、正しい場合は○へ、正しくない場合は×の方へマークしなさい。

問56. キャッシュ・フロー計算書は、営業活動、投資活動、財務活動の３つに分類され、企業の現金の変動状況の把握ができる。

問57. 「損益計算書」は、一定時点における企業の「財務状態」の一覧表であり、お金の出所（資金の調達源泉）とお金の運用状況（資金の使途）の２つの内容から構成されている。

問58. 配当性向は、当期(純)利益に対する配当金（年額）の割合を示すものであって、配当性向が低いということは、内部留保率が低いことを意味する。

問59. 企業の収益性を測る指標には、資本利益率と流動比率がある。

問60. 流動比率は、100%以下が望ましい。

【財務諸表と企業分析】

問61. 資料から抜粋した金額が次のとおりである会社の配当率と配当性向の組合せとして、正しいものの番号を１つマークしなさい。

（注）答えは、小数第２位以下を切り捨ててある。発行済株式総数及び資本金の数値は、前期末と当期末において変化はない。

発行済株式総数	30,000,000株
中間配当／９円	期末配当／10円

純資産合計	資本金：　3,000百万円
	その他：12,300百万円

売上高	50,000百万円
売上原価	35,000百万円
販売費及び一般管理費	4,000百万円
営業外損益	▲700百万円
特別損益	▲500百万円
法人税等	400百万円

1．配当率：19.0%　配当性向：6.0%
2．配当率：13.2%　配当性向：6.0%
3．配当率：　4.6%　配当性向：2.2%
4．配当率：　6.1%　配当性向：1.3%
5．配当率：　3.8%　配当性向：3.7%

【証券税制】

次の文章について、正しい場合は○へ、正しくない場合は×の方へマークしなさい。

問62. 配当控除の適用を受けようとする場合、確定申告する必要はない。

問63. NISA（少額投資非課税制度）の年間投資上限額は、「つみたて投資枠」240万円、「成長投資枠」120万円、また、非課税保有限度額は1,800万円（うち「つみたて投資枠」1,200万円）である。

問64. 財形年金貯蓄及び財形住宅貯蓄の非課税最高限度額は、それぞれの合計額が、1人当たり元本550万円である。

問65. 確定申告不要を選択できるものに、源泉徴収選択口座内の上場株式等の譲渡による所得が含まれる。

問66. 「居住者の国内課税」において、公社債投資信託の収益の分配に係る所得は、所得税法上、雑所得となる。

【証券税制】

問67. 9月30日（休日等ではない）に相続が発生した場合の上場株式Aの相続税評価額について、正しいものの番号を1つマークしなさい。

1. 9月30日の終値　1,720円
2. 9月中の終値平均株価　1,680円
3. 8月中の終値平均株価　1,670円
4. 7月中の終値平均株価　1,690円
5. 6月中の終値平均株価　1,620円

【証券市場の基礎知識】

次の文章について、正しい場合は○へ、正しくない場合は×の方へマークしなさい。

問68. サステナブルファイナンスのうち、教育（Education）、社会（Social）、ガバナンス（Governance）の3つの要素を投資決定に組み込むことをESG投資という。

【証券市場の基礎知識】

問69. 次の文章のうち、正しいものの番号を１つマークしなさい。

1．証券取引等監視委員会には、インサイダー取引等の公正を損なう行為についての強制調査権が付与されている。
2．投資者保護基金の補償限度額は、顧客１人当たり3,000万円とされている。
3．資金移転の仲介の役割を担う証券会社は、供給者の資産を自ら管理運用し、その果実（収益）を還元する機能がある。
4．３つの経済主体である家計、企業、政府の資金需要額と供給額は、各部門でも全体でも必ず一致する。
5．証券保管振替機構の振替制度では、株式等の配当金の支払いにおいて、証券会社を通じて配当金を受領する方法を選択することができない。

【セールス業務】

問70. 次の文章のうち、誤っているものの番号を１つマークしなさい。

1．倫理感覚を養うには、第三者の目を意識することも重要である。
2．外務員は、法令等違反についてはすぐには報告せず、大事に至りそうな場合は、上司や法務部等の専門部署に報告する。
3．金融事業者は、顧客本位の業務運営を実現するための明確な方針を作成し、公表する必要がある。
4．外務員は、顧客に対し能動的にコミュニケーションをとり、当該顧客の事情を探ったうえで、顧客のニーズに合うと判断した商品の勧誘を行ってみることも必要である。
5．金融庁の「顧客本位の業務運営に関する原則」では、「重要な情報の分かりやすい提供」が求められている。

模擬想定問題 1　解答・解説

• 参照ページは、2024～2025証券外務員学習テキストのページとなっています。

科目	問	解答	解説		参照ページ
金融商品取引法	問1	○			🈔34
	問2	×	会社関係者でなくなって「1年」以内の者は会社関係者に該当するが、会社関係者でも、重要事実の公表後は売買可能である。		🈔46
	問3	×	内閣総理大臣は、欠格事由のいずれかに該当したときなど一定の場合、外務員登録を取り消し、又は2年以内の期間を定めて職務の停止を命ずることができる。		🈔23
	問4	×	未公表の会社情報等を営業活動に利用することは禁止されている。		🈔32、46、115
	問5	○			🈔25
	問6	2・4	1○		🈔44
			2×	有価証券等の売買の取引を誘引する目的をもって、取引所金融市場における有価証券の相場を変動させるべき一連の有価証券の売買の委託をすることは相場操縦であり、何人も行ってはならない。	🈔45
			3○		🈔45
			4×	企業による資金調達の便宜を優先させて、このような取引が認められる場合があり、これを安定操作取引という。	🈔45
			5○		🈔47
	問7	2・5	1×	大量保有者となった日から5日以内に内閣総理大臣に提出しなければならない。	🈔56
			2○		🈔57
			3×	報告義務者は、一度大量保有報告書を提出していても、その後に当該株券等保有割合の1％以上の増減等、重要な事項につき変更が生じた場合には5日以内に報告(変更報告書を提出)することとされている。	🈔57
			4×	大量保有報告書の対象となる有価証券には、新株予約権証券も含まれる。	🈔56
			5○		🈔56
金融商品の勧誘・販売に関係する法律	問8	○	問題文は、取消権の行使期間の記述である。なお、霊感等を用いた告知に係る取消権については、それぞれ3年間、10年間となる。		🈔66
	問9	×	法人の代表者個人や取引担当者個人を識別することができる情報は、個人情報に該当する。		🈔70
	問10	○			🈔71
協会定款・諸規則	問11	○	なお、顧客の債務の立替を含む。		🈔126
	問12	○			🈔123
	問13	×	二種外務員は、所属協会員の一種外務員の同行がある場合には、顧客から信用取引の注文を受託することはできるが、有価証券関連デリバティブ取引等に係る注文は、一種外務員の同行の有無にかかわらず受託することはできない。		🈔129

科目	問	解答	解	説	参照ページ
協会定款・諸規則	問14	○			テ146
	問15	3・4	1○		テ130
			2○		テ129
			3×	二種外務員は、レバレッジ投資信託を取り扱うことができない。	テ129
			4×	二種外務員は、新株予約権証券を取り扱うことができない。	テ129
			5○		テ131
	問16	3・4	1×	顧客から金銭、有価証券の残高について照会があったときは、会員の検査、監査又は管理の担当部門がこれを受け付け、当該部門が遅滞なく回答を行わなければならない。	テ120
			2×	業務上取得する非公開の情報に関して、その情報を利用した不公正取引を防止するため、法人関係情報の管理態勢等の整備を図らなければならない。	テ115
			3○		テ149
			4○		テ127
			5×	協会員の従業員は、いかなる場合も自己の有価証券の売買その他の取引等について顧客の名義又は住所を使用してはならない。	テ126
	問17	4・5	1○	問題文は、過当勧誘の防止等の記述である。	テ111
			2○	問題文は、自己責任原則の徹底の記述である。	テ107
			3○	問題文は、取引の安全性の確保の記述である。	テ113
			4×	協会員の従業員は、いかなる場合も自己の計算において、信用取引を行ってはならない。	テ125
			5×	協会員は、当該有価証券等に適合する顧客が想定できないないものは販売してはならない。	テ107
取引所定款・諸規則	問18	○	なお、発行者基準には、当該取引所の上場会社であることがある。		テ162
	問19	○			テ167
	問20	×	国債先物等取引参加者になれるのは、第一種金融商品取引業者及び登録金融機関である。		テ157
	問21	×	上場の対象となる有価証券は、金融商品取引法上の有価証券に限られるため、小切手や約束手形等は対象となる有価証券には含まれない。		テ158
	問22	○			テ159、162
株式業務	問23	×	ブック・ビルディングは、公開価格に係る仮条件を決定し、その後ブック・ビルディングにより把握した投資者の需要状況、上場日までの期間における有価証券の相場の変動リスク等を総合的に勘案して、上場前の公募・売出しに際する公開価格を決定するものである。問題文は、競争入札の記述である。		テ197
	問24	×	株価純資産倍率（PBR）は、株価を1株当たり純資産で除して求められる。		テ221
	問25	×	「手数料の金額」は、注文伝票に記載すべき事項に含まれない。		テ186

科目	問	解答	解　　説	参照ページ
株式業務	問26	×	店頭売買有価証券も取引の対象銘柄となっている。	テ193
	問27	×	立会外バスケット取引は、15銘柄以上で構成され、かつ総額1億円以上のポートフォリオに限定されている。	テ189
	問28	3	株価純資産倍率は、１株当たりの純資産に対して株価が何倍に買われているかを示す指標である。 純資産は、総資産から総負債を差し引いたものである。 １株当たり純資産 $=\frac{総資産-総負債}{発行済株式総数}=\frac{4,000億円-3,400億円}{2億株}=300円$ 株価純資産倍率（PBR） $=\frac{株価}{1株当たり純資産}=\frac{1,800円}{300円}=6.0倍$ 株価収益率は、１株当たりの利益に対して株価が何倍に買われているのかを示す指標である。 １株当たり当期純利益 $=\frac{当期純利益}{発行済株式総数}=\frac{210億円}{2億株}=105円$ 株価収益率（PER） $=\frac{株価}{1株当たり当期純利益}=\frac{1,800円}{105円}\fallingdotseq 17.1倍$	テ218～219、221
	問29	1	$権利落相場=\frac{権利付相場}{分割比率}=\frac{1,200円}{1.1}\fallingdotseq 1,090円$	テ217
債券業務	問30	○	なお、発行者利回りは、債券発行による資金調達コストを表している。	テ236
	問31	×	現先取引ができる債券は、国債、地方債、社債、円貨建外債などで、新株予約権付社債は含まれない。	テ245
	問32	×	社債管理者となることができる者は、銀行、信託銀行又は担保付社債信託法による免許を受けた会社及び会社法施行規則で定める者に限られる。	テ238
	問33	○		テ244
	問34	○	なお、期間５年の国債も中期国債に分類される。	テ229
	問35	3	$直接利回り=\frac{利率}{購入価格}\times 100(\%)\quad =\frac{3.3}{105}\times 100=3.142\%$	テ254
	問36	5	$パリティ価格=\frac{株価}{転換価額}\times 100=\frac{400円}{500円}\times 100=80円$ $乖離率=\frac{転換社債の時価-パリティ価格}{パリティ価格}\times 100(\%)$ $=\frac{105円-80円}{80円}\times 100=31.25\%$	テ249～250
	問37	5	$所有期間利回り=\frac{利率+\frac{売却価格-購入価格}{所有期間（年）}}{購入価格}\times 100(\%)$ $=\frac{2.0+\frac{102.00-99.70}{3}}{99.70}\times 100\fallingdotseq 2.774\%$	テ253

科目	問	解答	解説	参照ページ
投資信託及び投資法人に関する業務	問38	○		テ273
	問39	○		テ299
	問40	×	投資法人の執行役員の構成（人数）は制限があり、１人又は２人以上と定められている。「投資信託及び投資法人に関する法律」第95条に規定されている。	テ298
	問41	○	なお、信託報酬とは、運用管理費用のことである。	テ262
	問42	×	MRFは、追加型公社債投資信託の一種である。	テ285、289
	問43	○		テ267
	問44	○	なお、クローズドエンド型は、基金の減少が行われないので、基金の資金量が安定している。	テ269
	問45	1・5	1○	テ285
			2×　長期公社債投資信託（追加型）の換金には、キャッシング制度はない。	テ289
			3×　募集手数料は、販売会社ごとに決めるので、同じファンドであっても販売会社によって異なる場合がある。	テ283
			4×　多くのファンドでは、その投資信託約款において、残存元本額が一定の水準を下回れば、信託期間中でも償還できるように定められている。（繰上償還）	テ288
			5○	テ269
	問46	2	なお、正しい文章は次のとおりとなる。 証券投資信託の運用手法におけるアクティブ運用には、大別して、マクロ経済に対する調査・分析結果によってポートフォリオを組成していく（イ　c．トップダウン・アプローチ）と、個別企業に対する調査・分析結果の積み重ねでポートフォリオを組成していく（ロ　d．ボトムアップ・アプローチ）がある。 さらに、（ロ　d．ボトムアップ・アプローチ）によるアクティブ運用には、企業の成長性を重視する（ハ　e．グロース株運用）や、株式の価値と株価水準を比較して、割安と判断される銘柄を中心に組成する（ニ　f．バリュー株運用）などがある。	テ277
付随業務	問47	3・5	1○	テ20、304
			2○	テ20、304、306
			3×　私設取引システム運営業務（PTS）は、本来の業務である。	テ21、304
			4○	テ304〜305
			5×　元引受け業務は、本来の業務である。	テ19、304
株式会社法概論	問48	×	大会社は、貸借対照表のほか、損益計算書も公告しなければならない。	テ322
	問49	○		テ321
	問50	○	なお、発起人が発行する株式の一部を引き受け、残りについて株主を募集することを募集設立という。	テ312
	問51	○		テ310
	問52	×	株式を併合すると、発行済株式は減るが、１株当たりの実質価値は大きくなる。なお、株式併合は、株式分割の逆である。	テ313

科目	問	解答		解説	参照ページ
株式会社法概論	問53	3・5	1○		テ314
			2○	なお、譲渡に会社の承認が必要な株式を、譲渡制限株式という。	テ314
			3×	少数株主権は一定割合以上の議決権を持った株主だけが行使できる権利のことである。問題文は、単独株主権の記述である。	テ315
			4○	なお、株券の発行を定款に定めている会社を「株券発行会社」という。	テ316
			5×	自己株式を取得することは禁じられていない。	テ315
経済・金融・財政の常識	問54	1・4	1×	景気循環とは、経済状況を好・不況の波を交互に繰り返す動きとしてとらえる見方のことである。	テ76～77
			2○		テ82
			3○	なお、「無担保コール翌日物（オーバーナイト物）」では、主に短資会社が資産の仲介役として重要な役割を果たしている。	テ84
			4×	プライマリーバランスとは、公債金収入以外の収入と利払費及び債務償還費を除いた支出との収支のことをいう。	テ88
			5○	なお、財政の主要な役割には、資源の効率的配分、所得再分配、経済安定効果などがある。	テ87
	問55	1・4	1×	家計貯蓄率は、家計貯蓄を可処分所得で除して求められる。	テ78
			2○		テ80
			3○		テ82
			4×	国の予算案は、参議院が衆議院と異なった議決をしたときは、衆議院の議決が優先される。なお、参議院が衆議院の可決した予算案を受け取ってから30日以内に議決しない場合には、予算は自然成立する。	テ86
			5○		テ87
財務諸表と企業分析	問56	○			テ347
	問57	×		「損益計算書」は、一定期間における企業の利益稼得過程を表示するものであり、これによって経営成績の評価が把握できる。問題文は、貸借対照表の記述である。	テ330
	問58	×		配当性向は、当期(純)利益に対する配当金（年額）の割合を示すものであって、配当性向が低いということは、内部留保率が高いことを意味する。	テ352
	問59	×		資本利益率は、収益性を測る指標であるが、流動比率は、安全性分析のうち流動性を測る指標である。他に収益性を測る指標として、売上高利益率がある。	テ336、340～341
	問60	×		流動比率は、高い方がよいとされ、理想的には200％以上あることが望ましいとされている。 なお、流動比率（％）は、$\frac{\text{流動資産}}{\text{流動負債}}\times 100$で求められる。	テ341

科目	問	解答	解　　　　説	参照ページ
財務諸表と企業分析	問61	1	〈配当率〉 配当金（年額） ＝（中間配当＋期末配当）×発行済株式総数 ＝（９円＋10円）×30,000,000株＝570百万円 配当率（％） $=\dfrac{\text{配当金（年額）}}{\text{資本金（期中平均）}}\times100=\dfrac{570\text{百万円}}{3,000\text{百万円}}\times100=\underline{19.0\%}$ 〈配当性向〉 当期純利益 ＝売上高－売上原価－販売費及び一般管理費 ＋営業外損益＋特別損益－法人税等 ＝50,000－35,000－4,000＋▲700＋▲500－400 ＝9,400百万円 配当性向（％） $=\dfrac{\text{配当金（年額）}}{\text{当期純利益}}\times100=\dfrac{570\text{百万円}}{9,400\text{百万円}}\times100\fallingdotseq\underline{6.0\%}$	テ333～334、352～353
証券税制	問62	×	なお、配当控除の適用を受けるためには、総合課税を選択して確定申告しなければならない。	テ362
	問63	×	NISAの年間投資上限額は、「つみたて投資枠」120万円、「成長投資枠」240万円、また、非課税保有限度額は1,800万円（うち「成長投資枠」1,200万円）である。	テ370、372
	問64	×	財形住宅貯蓄及び財形年金貯蓄の非課税限度額は、合算して累積元本550万円までである。	テ359
	問65	○	なお、内国法人から支払いを受ける上場株式等の配当等（大口株主等が受けるものを除く）や、特定公社債等の利子及び収益分配金なども、確定申告不要制度の対象となる。	テ358、367、369
	問66	×	公社債投資信託の収益の分配に係る所得は、所得税法上、利子所得となる。	テ357、360
	問67	3	相続により取得した上場株式の評価額は、「課税時期の終値」、「課税時期の属する月の毎日の終値の平均額」、「課税時期の属する月の前月の毎日の終値の平均額」、「課税時期の属する月の前々月の毎日の終値の平均額」のうち、最も低い価額によって評価される。したがって、８月中の終値の平均株価1,670円が一番低い価額なので、1,670円となる。なお、６月中の終値平均株価は評価対象外のため考慮しない。	テ375

科目	問	解答		解説	参照ページ
証券市場の基礎知識	問68	×		ESG投資のEは、教育（Education）ではなく、環境（Environment）である。	テ8
	問69	1	1○		テ6
			2×	補償限度額は、顧客（特定投資家を除く）1人当たり1,000万円とされている。	テ7、40
			3×	証券会社は資金移転等の仲介機能を果たしているが、証券を取得する判断と責任はすべて供給者（投資者）に帰属するものであり、供給者の資産を管理運用はしない。	テ3
			4×	経済主体間（家計・企業・政府）の資金需要額と供給額は、全体としてみれば一致するが、部門別では必ずしも一致しない。	テ2
			5×	証券保管振替機構の振替制度では、株式等の配当金の支払いにおいては、全銘柄の配当金を同一の預金口座で受領する方法や、証券会社を通じて配当金を受領する方法を選択することができる。	テ6
セールス業務	問70	2	1○		テ93
			2×	外務員は、法令等違反について発覚した場合には、しかるべき部署や機関に速やかに報告を行う。さらに大きな事故に結び付く危険があることを心得なければならない。	テ93
			3○		テ102
			4○		テ92
			5○		テ103

模擬想定問題　2

本試験と同一レベル・同一配分で作成した模擬想定問題を掲載しています。学習の総括として、ぜひチャレンジしてください。

また、専用の解答用紙を設けましたので、ご利用ください。

【試験の形式について】

・実際の試験は、PCによる入力方式となります。

・電卓はPCの電卓を用います。

・問題数は計70問（○×方式50問、五肢選択方式20問）です。

・解答時間は２時間です。

・合否は300点満点のうち、７割（210点以上）の得点で合格となります。

模擬想定問題 2　解答用紙

【この解答用紙の使い方】
・この解答用紙は、コピーしたり、本書から切り取るなどしてご利用ください。
　また、本書から切り取る際は、ハサミやカッターなどで手を傷つけないよう十分にご注意ください。
・解答と解説は、問題の後部に掲載しています。

問	○ 1	× 2	3	4	5	問	○ 1	× 2	3	4	5	問	○ 1	× 2	3	4	5
1	□	□				26	□	□				49	□	□			
2	□	□				27	□	□				50	□	□			
3	□	□				28	□	□	□	□	□	51	□	□			
4	□	□				29	□	□	□	□	□	52	□	□			
5	□	□				30	□	□				53	□	□	□	□	□
6	□	□	□	□	□	31	□	□				54	□	□	□	□	□
7	□	□	□	□	□	32	□	□				55	□	□	□	□	□
8	□	□				33	□	□				56	□	□			
9	□	□				34	□	□				57	□	□			
10	□	□				35	□	□	□	□	□	58	□	□			
11	□	□				36	□	□	□	□	□	59	□	□			
12	□	□				37	□	□	□	□	□	60	□	□			
13	□	□				38	□	□				61	□	□	□	□	□
14	□	□				39	□	□				62	□	□			
15	□	□	□	□	□	40	□	□				63	□	□			
16	□	□	□	□	□	41	□	□				64	□	□			
17	□	□	□	□	□	42	□	□				65	□	□			
18	□	□				43	□	□				66	□	□			
19	□	□				44	□	□				67	□	□	□	□	□
20	□	□				45	□	□	□	□	□	68	□	□			
21	□	□				46	□	□	□	□	□	69	□	□	□	□	□
22	□	□				47	□	□	□	□	□	70	□	□	□	□	□
23	□	□				48	□	□									
24	□	□															
25	□	□															

【配点】○×方式：１問２点　五肢選択方式：１問10点　　計　　　点（　　月　　日解答）

（キリトリ線）

模擬想定問題 2

【金融商品取引法】

次の文章について、正しい場合は○へ、正しくない場合は×の方へマークしなさい。

問1． 公開買付期間中は、公開買付価格の引き上げ及び引き下げは禁止されている。

問2． 金融商品取引業者が、有価証券の売買その他の取引等において、顧客に損失が生ずることになった場合に、これを補塡する旨を顧客に対しあらかじめ約束しても、実際に補塡を行わなければ違反行為とはならない。

問3． 金融商品取引業者等は、金融商品取引契約につき、顧客に対し、特別の利益の提供を約すことは禁止されている。

問4． 金融商品取引業者等が広告等をする場合の広告規制の対象には、同一の内容を一斉に多数の者に送る電子メール等も含まれる。

問5．「内部者取引規制」において、資本金の額の減少は重要事項に該当する。

【金融商品取引法】

問6． 次の文章のうち、正しいものの番号を２つマークしなさい。

1．企業内容等開示（ディスクロージャー）制度が適用される有価証券には、投資信託の受益証券は含まれる。
2．企業内容等開示（ディスクロージャー）制度に関して、株式の所有者が500人以上のとき、その発行者は、当該株式の所有者が500人以上となった年度を含めて５年間、継続開示義務が課される。
3．有価証券の募集又は売出しについて、発行者は当該募集又は売出しに関する届出を行う必要はない。
4．有価証券報告書は、有価証券の募集又は売出しの際、当該有価証券の発行者の事業その他の事項に関する説明を記載する文書である。
5．企業内容等開示（ディスクロージャー）制度に関して、企業内容に関し財政状態及び経営成績等に著しい影響を与える事象が発生したときには、発行会社は臨時報告書を内閣総理大臣に提出しなければならない。

【金融商品取引法】

問7．次の文章のうち、正しいものの番号を1つマークしなさい。

1．金融商品取引業者が元引受け業務を行うに当たっては、内閣総理大臣の認可が必要である。
2．金融商品取引業者が店頭デリバティブ業務を行うに当たっては、内閣総理大臣の認可が必要である。
3．金融商品取引業者がPTS（私設取引システム）業務を行うに当たっては、内閣総理大臣の認可が必要である。
4．金融商品取引業者が自己売買業務を行うに当たっては、内閣総理大臣の認可が必要である。
5．金融商品取引業者については、有価証券の相場を偽って公示することが禁止されているが、特定投資家については禁止されていない。

【金融商品の勧誘・販売に関係する法律】

次の文章について、正しい場合は○へ、正しくない場合は×の方へマークしなさい。

問8．「匿名加工情報」とは、特定の個人を識別することができないように加工して得られる個人に関する情報であって、当該個人情報を復元して特定の個人を再識別することができないようにしたものをいう。

問9．消費者契約法において、金融商品取引業者が顧客を誤認させる行為又は困惑させる行為を行った場合、顧客は契約を取り消すことができる。

問10．協会員は、疑しい取引の疑いがある場合には、速やかに行政庁に対して疑しい取引の届出を行わなければならない。

【協会定款・諸規則】

次の文章について、正しい場合は○へ、正しくない場合は×の方へマークしなさい。

問11．協会員は、公社債の店頭取引を行ったときは、約定時刻等を記載した注文伝票を作成しなければならない。

問12．協会員は、上場公社債の取引を初めて行う小口投資家に対して、取引所金融商品市場における取引と店頭取引との相違点についての説明等が義務付けられている。

問13. 顧客カードの記載事項に、「資産の状況」がある。

問14. 外務員資格更新研修を修了しなかった場合、外務員資格更新研修を修了するまでの間、すべての外務員資格の効力が停止し外務員の職務を行うことができなくなる。

【協会定款・諸規則】

問15. 次の文章のうち、正しいものの番号を２つマークしなさい。

1．照合通知書の交付は、顧客に対する債権債務の残高について、残高に異動がある都度又は顧客から請求がある都度、行うことになっている。
2．照合通知書は、顧客に直接手渡すことが原則となっている。
3．照合通知書の記載事項に、有価証券の残高のほかに預り金の直近の残高も含まれる。
4．照合通知書の作成は、協会員の営業部門で行わなければならない。
5．協会員は、金銭及び有価証券の残高がない顧客の場合でも、直前に行った報告以後１年に満たない期間においてその残高があったものについては、照合通知書により、現在その残高がない旨を報告しなければならない。

【協会定款・諸規則】

問16. 次の文章のうち、誤っているものの番号を２つマークしなさい。

1．金融商品取引業者の従業員が、従業員限りで広告等の表示又は景品類の提供を行う際には、所属営業単位の営業責任者の審査を受けなければならない。
2．協会員の従業員は、顧客から有価証券の名義書換え等の手続きの依頼を受けた場合には、所属協会員を通じないでその手続きを行うことができる。
3．会員は、有価証券の売買その他の取引等に関連し、顧客の資金又は有価証券の借入れにつき行う保証、あっせん等の便宜の供与については、顧客の取引金額その他に照らして過度にならないよう、適正な管理を行わなければならない。
4．協会員は、有価証券の売買その他の取引等を行う場合、顧客の注文に係る取引と自己の計算による取引とを峻別しなければならない。
5．協会員は、顧客の注文に係る取引の適正な管理に資するため、打刻機の適正な運用及び管理、コンピュータの不適切な運用の排除等を定めた社内規則を整備しなければならない。

【協会定款・諸規則】

問17. 次の文章のうち、誤っているものの番号を１つマークしなさい。

1．協会員は、顧客から外国証券の取引に関する契約を締結する場合、あらかじめ各金融商品取引業者が定める様式の外国証券取引口座に関する約款を当該顧客へ交付し、取引口座の設定に係る申込みを受けなければならない。
2．協会員が顧客に勧誘を行うことにより販売できる外国投資信託証券は、選別基準に適合しており、投資者保護上問題ないと協会員が確認したものである。
3．協会員は、外国証券の取引の注文を受ける場合には、当該顧客と外国証券の取引に関する契約を締結しなければならない
4．外国証券取引口座に関する約款とは、顧客の注文に基づく外国証券の売買等の執行、売買代金の決済、証券の保管等について規定したものである。
5．協会員が国内公募の引受等を行うことができる外国株券等は、適格外国金融商品市場において取引が行われているもの又は当該市場における取引が予定されているものに限られる。

【取引所定款・諸規則】

次の文章について、正しい場合は○へ、正しくない場合は×の方へマークしなさい。

問18. 非参加型優先株の上場審査基準は、普通株と全く同じ基準である。

問19. 成行による呼値は、指値による呼値に値段的に優先する。

問20. 価格優先の原則では、売呼値においては、低い値段の売呼値が高い値段の売呼値に優先する。

問21. 有価証券の売買における顧客と取引参加者との間の金銭の授受は、必ず円貨で行わなければならない。

問22. 取引所は、有価証券の価格の急激な変動による投資者の不測の損害を防止するため、有価証券の売買における１日の値幅を制限している。

【株式業務】

次の文章について、正しい場合は○へ、正しくない場合は×の方へマークしなさい。

問23. 資金と証券の同時又は当日中の引渡しを行う決済をDVP決済といい、取引相手の決済不履行（資金又は証券を交付した後その対価を受け取れないこと）を排除できる。

問24. 「受注日時」は、注文伝票の記載事項である。

問25. PTS（私設取引システム）の売買価格決定方法のうちの１つに、顧客の提示した指値が、取引の相手方となる他の顧客の提示した指値と一致する場合に、当該顧客の提示した指値を用いる方法は含まれる。

問26. EBITDAは、国によって異なる金利水準や税率、減価償却方法などの違いを最小限に抑えた「利益」のことであり、最近は損益計算書の利益と並んで企業評価（国際的な同業他社との比較）に多く用いられている。

問27. 株式ミニ投資は、投資者から資産を預かり、当該金銭を対価として毎月一定日に特定の銘柄の株式を買い付ける制度をいう。

【株式業務】

問28. 株価収益率（PER）及び株価純資産倍率（PBR）の組合せとして正しいものの番号を１つマークしなさい。

（注）答えは、小数点第２位以下を切り捨ててある。また、発行済株式総数及び貸借対照表上の数値は、前期末と当期末において変化はないものとする。

総資産	400億円
総負債	250億円
当期(純)利益	25億円
株価（時価）	7,000円
発行済株式総数	2,000万株

1．(PER)　3.5倍　　(PBR) 56.0倍
2．(PER)　9.3倍　　(PBR) 56.0倍
3．(PER) 20.0倍　　(PBR)　1.0倍
4．(PER) 56.0倍　　(PBR)　9.3倍
5．(PER) 56.0倍　　(PBR)　3.5倍

【株式業務】

問29. 1：2の株式分割を行う株式の権利付相場は2,400円であった。権利落後の値段が1,400円になったとすれば、権利付相場の2,400円に対して、いくら値上がりしたことになるか。正しいものの番号を1つマークしなさい。

1．200円　　2．400円　　3．600円　　4．800円　　5．1,000円

【債券業務】

次の文章について、正しい場合は○へ、正しくない場合は×の方へマークしなさい。

問30. 直近利払日が9月30日の利付債券を、10月2日に売却し10月9日に受渡しを行った場合の経過日数は9日である。

問31. 特例国債は、いわゆる赤字国債のことをいい、公共事業費等以外の歳出に充てる資金を調達することを目的として各年度における特例公債法により発行される。

問32. 国際機関や外国政府、事業法人（非居住者）等が日本国内市場において円建てで発行する債券を、円建外債（サムライ債）という。

問33. 地方公共団体が設立した公社が発行する債券は、「事業債」に分類される。

問34.「スプレッド・プライシング方式」とは、格付の高い社債を中心に採用され、投資家の需要状況を調査する際に、国債等の金利に対する上乗せ分（スプレッド）を提示することで、金利変化に対応すると同時に、きめ細かく投資家の需要を探ろうとするものである。

【債券業務】

問35. 発行価格100.00円、利率1.0%、残存期間5年の利付債券を、102.00円で買付けた場合の最終利回りとして、正しいものの番号を1つマークしなさい。

(注) 答えは、小数第4位以下を切り捨ててある。

1．0.588%　　2．0.600%　　3．0.960%
4．0.980%　　5．1.000%

【債券業務】

問36. 次の式は、債券購入時の受渡代金を算出する算式である。算式の（　）に当てはまる記号の組合せとして正しいものの番号を１つマークしなさい。

受渡代金＝約定代金（①）経過利子（②）{手数料（③）消費税}

1．①は＋　②は＋　③は＋
2．①は＋　②は＋　③は－
3．①は＋　②は－　③は－
4．①は－　②は－　③は＋
5．①は－　②は－　③は－

【債券業務】

問37. 年利率3.4％、残存期間１年の利付債券を最終利回り1.37％になるように買うとすれば、購入価格はいくらか。正しいものの番号を１つマークしなさい。
（注）答えは、円未満を切り捨ててある。

1．101円　2．102円　3．103円　4．104円　5．105円

【投資信託及び投資法人に関する業務】

次の文章について、正しい場合は○へ、正しくない場合は×の方へマークしなさい。

問38. 投資信託の投資対象となる特定資産は、有価証券、不動産等で投資を容易にすることが必要であるものとして、投資信託及び投資法人に関する法律施行令に定められている。

問39. 解約によりファンドを換金した代金の支払いは、通常、国内の資産を主な投資対象とするファンドについては、換金申込受付日から起算して３営業日目である。

問40. 投資信託約款の記載事項に、受託者及び委託者の受ける信託報酬その他の手数料の計算方法がある。

問41. 投資信託の対象となる特定資産に、不動産自体は含まれるが、貸借権は含まれない。

問42. 預金と投資信託の利益を計るには、利子（率）と分配金（率）で比較することができる。

問43. 株式の組み入れ比率30％以下の証券投資信託は、公社債投資信託に分類できる。

問44. 単位型投資信託には、その時々の投資家のニーズや株式市場、債券市場等のマーケット状況に応じて、これに適合した仕組みの投資信託をタイムリーに設定する、「スポット投資信託」がある。

【投資信託及び投資法人に関する業務】

問45. 次の文章のうち、正しいものの番号を２つマークしなさい。

1．投資法人の出資総額は、設立の際に発行する投資口の払込金額の総額であるが、その金額には特段の定めはない。
2．投資法人制度において、一般事務受託者とは、投資法人の委託を受けてその資産の運用及び保管に係る業務以外の業務に係る事務を行う者をいう。
3．投資法人は、資産の運用以外の行為も営業できる。
4．投資信託には、投資信託約款によりあらかじめ解約請求することができない期間を定める場合があり、この期間を無分配期間という。
5．通貨選択型投資信託は、投資対象の価格変動リスクに加え、換算する通貨の為替変動リスクを被ることがある。

【投資信託及び投資法人に関する業務】

問46. 投資信託の区分に関して、（　　）に当てはまる語句の組み合わせとして正しいものはどれか。正しいものの番号を１つマークしなさい。

・（ イ ）型の発行証券は、市場で売却することで換金できる。
・（ ロ ）型の発行証券の買戻しは、純資産価格に基づいて行われる。
・（ ハ ）型は、（ ニ ）型に比べて、基金の資金量が安定している。

a．クローズドエンド
b．オープンエンド

1．イ＝a、ロ＝b、ハ＝a、ニ＝b
2．イ＝a、ロ＝b、ハ＝b、ニ＝a
3．イ＝b、ロ＝a、ハ＝a、ニ＝b
4．イ＝b、ロ＝a、ハ＝b、ニ＝a
5．イ＝b、ロ＝b、ハ＝a、ニ＝b

【付随業務】

問47. 次の文章のうち、正しいものの番号を2つマークしなさい。

1．株式累積投資は、任意の時に単元未満株のまま機動的に任意の銘柄の買い付けを行い、また買い付けた単元未満株を単元未満株のまま売り付けることができる。
2．株式累積投資は、特定の銘柄を株価の値動きに関係なく、一定の金額で買い付ける方法であり、ドル・コスト平均法と呼ばれる。
3．第一種金融商品取引業者が付随業務を行うには、金融商品取引所に届け出なければならない。
4．累積投資契約の対象有価証券には、非上場株式は含まれない。
5．投資運用業者は、付随業務を行うことができない。

【株式会社法概論】

次の文章について、正しい場合は○へ、正しくない場合は×の方へマークしなさい。

問48. 会社法では、株式会社の最低資本金は、500万円以上でなければならないと定められている。

問49. 合名会社の無限責任社員とは、会社の債務につき、債権者に対して直接・連帯・無限の責任を負う社員である。

問50. 剰余金の配当は分配可能額の範囲でなされる必要があるが、配当をできる回数は年２回までである。

問51. 会社が合併する場合、解散する会社の資産は新設会社又は存続会社に承継するが、解散する会社の負債は承継させないことができる。

問52. 取締役が自社と取引するには、監査役会（監査役会を設置しない会社では株主総会）の承認が必要である。

【株式会社法概論】

問53. 次の文章のうち、正しいものの番号を２つマークしなさい。

1．新株予約権付社債は、社債部分と新株予約権部分のいずれかが消滅しない限り、社債と新株予約権を分離して譲渡することはできない。
2．大会社はすべて会計監査人を置かなければならず、監査等委員会設置会社にも会計監査人が必要である。
3．取締役会設置会社は３人以上の取締役が必要であるが、取締役会を置かない会社では取締役を置く必要はない。
4．指名委員会等設置会社には、監査役を置かなければならない。
5．取締役会設置会社において、会社分割や株式の併合は、定款で別段の定めがない限り、取締役会の決議事項である。

【経済・金融・財政の常識】

問54. 次の文章のうち、正しいものの番号を２つマークしなさい。

1．GDPデフレーターは、実質GDPを名目GDPで除したものである。
2．通貨には価値尺度としての機能があり、商品の価値の計算単位としての機能を果たしている。
3．ドルの需要が発生するのは、日本から外国に製品を輸出する場合や外国が日本の債券・株式を購入する場合であり、ドルの供給が発生するのは、日本が外国から原材料や製品を輸入する場合や、外国の債券・株式を購入する場合である。
4．基準割引率及び基準貸付利率は､民間金融機関の当座預金に適用される金利である。
5．一般会計の歳出から国債費を除いたものを、基礎的財政収支対象経費と呼ぶ。

【経済・金融・財政の常識】

問55. 次の文章のうち、正しいものの番号を２つマークしなさい。

1．円の対ユーロレートが80円から160円になれば、円のユーロに対する値打ちは２倍になったことになる。
2．景気動向指数は、先行指数、一致指数及び遅行指数に分類され、内閣府から毎月公表される。
3．消費者物価指数（CPI）には、直接税や社会保険料等の非消費支出、土地や住宅等の価格が含まれる。
4．国の一般会計歳出のうち、最大の割合を占めるのは、社会保障関係費である。
5．有効求人倍率は、景気が良い時は低下、景気が悪い時は上昇する。

【財務諸表と企業分析】

次の文章について、正しい場合は○へ、正しくない場合は×の方へマークしなさい。

問56. 当座比率は、一般的に低い方が望ましいとされる。

問57. 損益計算書において、受取配当金は営業外費用に分類される。

問58. 当座資産は、短期的に現金化される資産を示し、現金、預金、支払手形、買掛金などがその例である。

問59. 貸借対照表において、安全性分析に用いられる固定長期適合率は、固定資産に投資した金額と長期性資本（自己資本＋固定負債）の額との関係を示すものである。

問60. 一般的に総資本回転率が低ければ低いほど、資本効率は高いことになる。

【財務諸表と企業分析】

問61. 発行済株式総数8,500,000株で損益計算書の金額（単位：百万円）が次のとおりである会社に関する記述として正しいものの番号を１つマークしなさい。

（注）配当性向は小数点第２位以下を切り捨ててある。

売上高	33,200
売上原価	21,000
販売費及び一般管理費	10,500
営業外損益	▲500
特別損益	▲440
法人税等	301

1．１株当たり配当金年２円の場合、この会社の配当性向は3.5％である。
2．１株当たり配当金年５円の場合、この会社の配当性向は9.5％である。
3．１株当たり配当金年10円の場合、この会社の配当性向は18.5％である。
4．１株当たり配当金年20円の場合、この会社の配当性向は38.5％である。
5．１株当たり配当金年30円の場合、この会社の配当性向は60.5％である。

【証券税制】

次の文章について、正しい場合は○へ、正しくない場合は×の方へマークしなさい。

問62. 発行済株式総数の３％以上を保有する大口株主等が受け取る配当金は、申告分離課税を選択することができる。

問63. 国外転出時課税制度の対象資産は、上場株式のみである。

問64. NISAの中途換金はいつでも可能で、譲渡による損失があった場合は、特定口座や一般口座で保有する他の有価証券の譲渡益や配当金との損益通算及び損失の繰越控除が可能である。

問65. 株式等の売買による所得は、すべて譲渡所得となり、事業所得や雑所得に分類されることはない。

問66. オープン型株式投資信託の元本払戻金（特別分配金）は、所得税法上の非課税所得に該当しない。

【証券税制】

問67. ある個人（居住者）が、上場銘柄Ａ社株式を金融商品取引業者に委託して、現金取引により、下記のとおり、○○年６月から同年８月までの間に10,000株を新たに買付け、同年９月にすべて売却した。この売却による譲渡益として、正しいものの番号を１つマークしなさい。

（注）○○年中には、他の有価証券の売買はなかったものとする。また、売買に伴う手数料その他の諸費用等については考慮しない。なお、取得価額の計算において、１株当たりの金額に１円未満の端数が出た場合には、その端数を切り上げるものとする。

年月	売買の別	単価	株数
○○年６月	買い	650円	2,400株
○○年８月	買い	680円	2,800株
○○年８月	買い	670円	4,800株
○○年９月	売り	680円	10,000株

１．120,000円　２．130,000円　３．300,000円
４．420,000円　５．668,000円

【証券市場の基礎知識】

次の文章について、正しい場合は○へ、正しくない場合は×の方へマークしなさい。

問68. ESG要素を考慮する手法として、特定の業界や企業、国などを投資対象から除外するネガティブ・スクリーニングがある。

【証券市場の基礎知識】

問69. 次の文章のうち、正しいものの番号を1つマークしなさい。

1．証券市場のうち、株式市場における資金調達や債券市場における資金調達は、間接金融に分類される。
2．金融商品取引業者は、元引受け業務を行うにあたっては、内閣総理大臣の認可が必要である。
3．発行市場と流通市場は、別々の市場であり、お互いに影響を及ぼすことはない。
4．証券保管振替機構は、国債の決済及び管理業務を集中的に行う日本で唯一の証券決済機関である。
5．証券取引等監視委員会は、取引調査、金融商品取引業者への検査、有価証券報告書等の開示書類の検査を行っている。

【セールス業務】

問70. 次の文章のうち、誤っているものの番号を1つマークしなさい。

1．外務員は、単に不適切又は不公平な行為をしないというだけでなく、リスクや不正を排除するため積極的に行動する姿勢が強く要求される。
2．外務員には、高い法令遵守意識や職業倫理と自己規律を持って業務に当たっていくという姿勢が求められる。
3．外務員は、自社の利益のため法令、諸規則に違反する可能性があっても、確実に違反でなければ積極的に行動すべきである。
4．金融事業者は、顧客の資産状況、取引経験、知識及び取引目的・ニーズを把握し、当該顧客にふさわしい金融商品サービスの組成・販売・推奨等を行うべきである。
5．「顧客本位の業務運営に関する原則」では、各金融機関の置かれた状況に応じて、形式ではなく実質において顧客本位の業務運営が実現できるよう「プリンシプルベース・アプローチ」が採用されている。

模擬想定問題 2　解答・解説

• 参照ページは、2024～2025証券外務員学習テキストのページとなっています。

科目	問	解答		解説	参照ページ
金融商品取引法	問1	×		公開買付期間中は、買付価格を引き下げることは原則できないが、引き上げることはできる。	テ55
	問2	×		有価証券の売買その他の取引等について、既に生じた顧客の損失を補填し、又は利益を追加するため財産上の利益を提供する旨を、当該顧客等に対し、申し込み又は約束する行為は禁じられている。	テ28
	問3	○		なお、社会通念上のサービスと考えられるものは含まれない。	テ32
	問4	○		なお、広告規制の対象範囲は、郵便、信書便、ファクシミリ、電子メール、ビラ・パンフレット配布等がある。	テ24
	問5	○			テ47
	問6	1・5	1○		テ50
			2×	株式の所有者が300名以上の場合に開示義務が発生する。	テ53
			3×	有価証券の募集又は売出しについて、発行者は当該募集又は売出しに関する届出を内閣総理大臣に対して行う必要がある。	テ51
			4×	有価証券報告書は、上場企業が金融商品取引法により決算期末後3ヵ月以内の提出を義務付けられている企業活動の年次報告書のことである。企業概況や事業の状況、連結財務諸表などから成っている。問題文は目論見書の記述である。	テ52～53
			5○		テ53
	問7	3	1×	元引受け業務を行うに当たっては、内閣総理大臣の登録が必要である。	テ19
			2×	店頭デリバティブ業務を行うに当たっては、内閣総理大臣の登録が必要である。	テ18
			3○		テ20～21、193
			4×	自己売買業務を行うに当たっては、内閣総理大臣の登録が必要である。	テ18
			5×	虚偽相場の公示等の禁止は、特定投資家も含めすべての者が対象である。（何人も禁止されている）	テ49
金融商品の勧誘・販売に関係する法律	問8	○			テ68
	問9	○			テ65
	問10	○		なお、疑しい取引の届出を行おうとすること又は行ったことを当該疑しい取引に係る顧客や関係者に漏らしてはならない。	テ72
協会定款・諸規則	問11	○			テ147
	問12	○			テ146
	問13	○		顧客カードの記載事項には、「資産の状況」の他、「投資目的」、「投資経験の有無」、「取引の種類」などがある。	テ108
	問14	○			テ131

科目	問	解答	解説		参照ページ
協会定款・諸規則	問15	3・5	1 ×	顧客の区分に従って、それぞれ定める頻度で、交付しなければならない。	テ118
			2 ×	郵送することを原則としている。	テ120
			3 ○	このほか、立替金、貸付金、借入金の直近の残高も含まれる。	テ119
			4 ×	照合通知書の作成は、協会員の検査、監査又は管理を担当する部門が行う。	テ120
			5 ○		テ119
	問16	1・2	1 ×	従業員限りで広告等の表示又は景品類の提供を行う際には、広告審査担当者の審査を受けなければならない。	テ126
			2 ×	所属協会員を通じないで、顧客から依頼を受けた有価証券の名義書換え等の手続きを行うことは禁止されている。	テ126
			3 ○		テ113
			4 ○		テ113
			5 ○		テ113
	問17	5	1 ○		テ147
			2 ○		テ149
			3 ○		テ147
			4 ○		テ147
			5 ×	国内の取引所金融商品市場において取引が行われているもの又は取引が予定されているものも対象となる。	テ150
取引所定款・諸規則	問18	×	優先株等の上場については、優先株等の特異性を考慮し、普通株とは異なった基準を設けている。		テ161
	問19	○			テ166
	問20	○			テ166
	問21	×	有価証券売買における顧客と取引参加者との間の金銭の授受は、すべて円貨で行うことが前提になっているが、受託取引参加者が同意したときは、顧客の指定する外貨によって行うことができる。		テ172
	問22	○	問題文は、制限値幅の記述である。		テ165
株式業務	問23	○			テ170、188
	問24	○			テ186
	問25	○	なお、PTSの売買価格決定方法には、他にオークション（競売買）の方法や顧客の間の交渉に基づく価格を用いる方法などがある。		テ193
	問26	○			テ223
	問27	×	株式ミニ投資は、任意の時に単元未満株（取引所の定める売買単位の10分の１単位）のまま機動的に任意の銘柄の買い付けを行い、また、買い付けた単元未満株のまま売り付けることができる方法である。問題文は、株式累積投資の記述である。		テ194〜195、306

科目	問	解答	解説	参照ページ
株式業務	問28	4	株価収益率は、１株当たりの利益に対して株価が何倍に買われているのかを示す指標である。 １株当たり当期純利益 $=\dfrac{\text{当期純利益}}{\text{発行済株式総数}}=\dfrac{25\text{億円}}{2,000\text{万株}}=125\text{円}$ 株価収益率 $=\dfrac{\text{株価}}{1\text{株当たり当期純利益}}=\dfrac{7,000\text{円}}{125\text{円}}=\underline{56.0\text{倍}}$ 株価純資産倍率は、１株当たりの純資産に対して株価が何倍に買われているかを示す指標である。 純資産は、総資産から総負債を差し引いたものである。 １株当たり純資産 $=\dfrac{\text{総資産}-\text{総負債}}{\text{発行済株式総数}}=\dfrac{400\text{億円}-250\text{億円}}{2,000\text{万株}}=750\text{円}$ 株価純資産倍率 $=\dfrac{\text{株価}}{1\text{株当たり純資産}}=\dfrac{7,000\text{円}}{750\text{円}}\fallingdotseq\underline{9.3\text{倍}}$	テ218～219、221
	問29	2	権利付相場＝権利落相場×分割比率 値上がり額 ＝権利落ち相場の値段から算出される権利付相場 －権利付相場 ＝1,400円×２－2,400円＝<u>400円</u>	テ217～218
債券業務	問30	○	直前の利払日（９月30日）の翌日（10月１日）から受渡日（10月９日）までの経過日数は９日である。	テ248～249
	問31	○		テ231
	問32	○		テ233
	問33	×	地方公共団体が設立した公社が発行する債券は、「<u>地方公社債</u>」に分類される。	テ234
	問34	○		テ239
	問35	1	$\text{最終利回り}=\dfrac{\text{利率}+\dfrac{\text{償還価格}-\text{購入価格}}{\text{残存期間（年）}}}{\text{購入価格}}\times100(\%)$ $=\dfrac{1.0+\dfrac{100.00-102.00}{5}}{102.00}\times100$ $\fallingdotseq\underline{0.588\%}$	テ252
	問36	1	受渡代金＝約定代金＋経過利子＋（手数料＋消費税）	テ258
	問37	2	購入価格 $=\dfrac{\text{償還価格}+\text{利率}\times\text{残存期間}}{1+\dfrac{\text{利回り}}{100}\times\text{残存期間}}$ $=\dfrac{100+\text{利率}\times\text{残存期間}}{100+\text{利回り}\times\text{残存期間}}\times100$ $=\dfrac{100+3.4\times1}{100+1.37\times1}\times100\fallingdotseq\underline{102\text{円}}$	テ255

科目	問	解答		解説	参照ページ
投資信託及び投資法人に関する業務	問38	○		なお、特定資産には、有価証券、デリバティブ取引に関する権利、不動産、不動産の賃借権、地上権、商品など、12種類ある。	テ266
	問39	×		国内の資産を主な投資対象とするファンドの場合は、換金申込受付日から起算して、4営業日目からである。	テ288
	問40	○			テ272
	問41	×		特定資産（投資信託及び投資法人の主たる投資対象）は、12種類の資産に区分されており、不動産の賃借権も含まれる。	テ266
	問42	×		預金の元本は一定であるので、預金者の得られる利益はその利子率のみで計算できるが、投資信託の基準価額は、常に変動しているため、投資家が得られる利益を計るには、分配金の額と基準価額の変動の両者を併せて考える必要がある。	テ264
	問43	×		株式の組み入れ比率30％以下の証券投資信託は、株式投資信託に分類される。公社債投資信託とは、株式を一切組み入れることができない証券投資信託のことである。	テ267
	問44	○		なお、「スポット投資信託」のほかに、継続して定期的に同じ仕組みで設定していく「ファミリーファンド・ユニット（定期定型投資信託）」がある。	テ268
	問45	2・5	1×	投資法人の設立時の出資総額は、設立の際に発行する投資口の払込金額の総額であり、1億円以上と定められている。	テ297
			2○		テ300
			3×	投資法人は、資産の運用以外の行為を営業としてすることができない。	テ296
			4×	投資信託約款に定められた解約請求することができない期間を、クローズド期間という。	テ287
			5○		テ270、280
	問46	1		なお、正しい文章は次のとおりとなる。 ・（イ　a．クローズドエンド）型の発行証券は、市場で売却することで換金できる。 ・（ロ　b．オープンエンド）型の発行証券の買戻しは、純資産価格に基づいて行われる。 ・（ハ　a．クローズドエンド）型は、（ニ　b．オープンエンド）型に比べて、基金の資金量が安定している。	テ269
付随業務	問47	2・4	1×	株式累積投資は、毎月一定日に、特定の銘柄を株価水準に関係なく一定の金額で買い付ける。問題文は、株式ミニ投資の記述である。	テ194～195、306
			2○		テ194、306
			3×	付随業務は、内閣総理大臣の届出や承認を受けることなく行うことができる業務である。	テ20、304
			4○		テ306
			5×	投資運用業者は、付随業務を行うことができる。	テ20、304

科目	問	解答		解説	参照ページ
株式会社法概論	問48	×		株式会社の資本金が何円以上なければならないという定めはない。したがって資本金1円の株式会社も設立できる。	〒311
	問49	○			〒310
	問50	×		要件を満たせば取締役会で承認すると、それに基づいて年に何回でも配当することができる。	〒323
	問51	×		会社が合併する場合、解散する会社の財産は、包括的に新設会社又は存続会社に移転する。つまり、資産だけでなく負債についても移転する。	〒325
	問52	×		取締役が自社と取引するには、取締役会（取締役会を設置しない会社では株主総会）の承認が必要である。	〒319
	問53	1・2	1○		〒247、324
			2○		〒321
			3×	取締役会設置会社は3人以上の取締役が必要であり、取締役会を置かない会社では取締役を1人置けばよい。	〒318
			4×	指名委員会等設置会社には、監査役及び監査役会を置かない。	〒320～321
			5×	株主総会の特別決議事項である。	〒318～319
経済・金融・財政の常識	問54	2・5	1×	GDPデフレーターは、名目GDPを実質GDPで除したものである。	〒79
			2○		〒82
			3×	ドルの需要が発生するのは、日本が外国から原材料や製品を輸入する場合や、外国の債券・株式を購入する場合であり、ドルの供給が発生するのは、外国が日本から製品を輸入する場合や、日本の債券・株式を購入する場合である。	〒81
			4×	基準割引率及び基準貸付利率は、日銀の民間金融機関に対する貸出金に適用される金利である。	〒84
			5○		〒86
	問55	2・4	1×	ユーロの対円レートが80円から160円になれば、円のユーロに対する値打ちは半減したことになる。	〒83
			2○		〒77
			3×	CPIには、直接税や社会保険料等の非消費支出、土地や住宅等の価格は含まれない。	〒79
			4○		〒86
			5×	有効求人倍率は、景気が良い時は上昇、景気の悪い時は低下する。	〒78
財務諸表と企業分析	問56	×		当座比率は、高い方がよく、一般に100％以上あることが望ましいとされている。	〒341
	問57	×		損益計算書において、受取配当金は営業外収益に分類される。	〒333
	問58	×		当座資産は、販売過程を経ることなく、比較的短期間に容易に現金化する資産のことで、現金、預金、受取手形、売掛金等である。問題文中の支払手形、買掛金は流動負債に分類される。	〒331～332
	問59	○			〒342

科目	問	解答	解　説	参照ページ
財務諸表と企業分析	問60	×	一般的に、資本回転率が高ければ、資本効率が高いことになる。	テ344
	問61	3	当期純利益 ＝売上高－売上原価－販管費＋営業外損益＋特別損益－法人税等 ＝33, 200－21, 000－10, 500－500－440－301 ＝459（百万円） 配当金（年額）＝１株当たり配当金×発行済株式総数 $配当性向=\frac{配当金（年額）}{当期純利益}\times 100$ １．配当金＝２円×8, 500, 000株＝17（百万円） $配当性向=\frac{17}{459}\times 100 \fallingdotseq 3.7\%$ ２．配当金＝５円×8, 500, 000株＝42. 5（百万円） $配当性向=\frac{42.5}{459}\times 100 \fallingdotseq 9.2\%$ ３．配当金＝10円×8, 500, 000株＝85（百万円） $配当性向=\frac{85}{459}\times 100 \fallingdotseq 18.5\%$ ４．配当金＝20円×8, 500, 000株＝170（百万円） $配当性向=\frac{170}{459}\times 100 \fallingdotseq 37.0\%$ ５．配当金＝30円×8, 500, 000株＝255（百万円） $配当性向=\frac{255}{459}\times 100 \fallingdotseq 55.5\%$	テ333～334、352～353
証券税制	問62	×	発行済株式総数の３％以上を保有する個人の株主（大口株主等）が受け取る配当金は、申告分離課税を選択することができない。原則どおり総合課税により確定申告しなければならない。	テ362
	問63	×	対象資産には、上場株式のほか、投資信託や未決済の信用取引・デリバティブ取引が含まれる。なお対象資産の含み益に対して所得税等が課される。	テ374
	問64	×	NISAの中途換金はいつでも可能であるが、NISA口座内の損失はなかったものとされ、特定口座や一般口座で保有する他の有価証券の譲渡益や配当金との損益通算はできず、損失の繰越控除もできない。	テ371
	問65	×	株式等の売買による所得は、一般的には譲渡所得に分類されるが、事業的規模で行う場合や継続的に行う場合は、事業所得や雑所得に分類されることがある。	テ357
	問66	×	オープン型証券投資信託（追加型株式投資信託）の元本払戻金（特別分配金）は、所得税法上の非課税所得に該当する。	テ290、359
	問67	1	１株当たりの取得価額 $=\frac{650円\times 2,400株+680円\times 2,800株+670円\times 4,800株}{2,400株+2,800株+4,800株}$ ＝668円 （680円－668円）×10, 000株＝120, 000円	テ364

科目	問	解答	解説		参照ページ
証券市場の基礎知識	問68	○			テ9
	問69	5	1×	証券市場を通じるものは、直接金融に分類される。	テ2～3
			2×	内閣総理大臣の登録が必要である。	テ5、19
			3×	発行市場と流通市場は、有機的に結びついている。	テ4
			4×	証券保管振替機構は、国債以外の有価証券の決済及び管理業務を集中的に行う日本で唯一の証券決済機関である。	テ6
			5○		テ6
セールス業務	問70	3	1○		テ93
			2○		テ92
			3×	外務員はたとえルールがなくても不適切な行為をしないという姿勢が必要である。	テ93
			4○		テ103
			5○		テ102

◆MEMO

～編者紹介～

株式会社 日本投資環境研究所（略称 J-IRIS）

（Japan Investor Relations and Investor Support, Inc.）

1980年４月設立。みずほフィナンシャルグループ。2017年４月１日の合併に伴い、旧社名みずほ証券リサーチ＆コンサルティングより商号変更。

コンサルティング・調査事業、教育事業（ＦＰ研修、外務員研修等）のサービス等を提供する総合調査研究機関。日本ＦＰ協会の認定教育機関として、認定研修や継続研修等を展開するほか、多くの金融機関で外務員資格取得研修等を行う。商工会議所などの公益法人などでの各種セミナー、ＦＰ関連の相談業務、レポートなどの情報も提供している。

http://www.j-iris.com/

2024～2025 証券外務員 ［二種］対策問題集

2024年５月25日 初版第１刷発行

編　者 株式会社日本投資環境研究所

発行者 延　對　寺　　哲

発行所 株式会社ビジネス教育出版社

〒102-0074 東京都千代田区九段南4-7-13
TEL 03(3221)5361(代表) FAX 03(3222)7878
E-mail:info@bks.co.jp https://www.bks.co.jp

落丁・乱丁はお取替えします。

印刷製本：三美印刷株式会社

ISBN 978-4-8283-1081-7